GVC分工位置对中国企业出口汇率弹性的影响研究

宁密密◎著

STUDY ON THE IMPACT OF GVC POSITION ON CHINESE FIRMS' EXPORT EXCHANGE RATE ELASTICITY

图书在版编目（CIP）数据

GVC分工位置对中国企业出口汇率弹性的影响研究/宁密密著．—北京：经济管理出版社，2023.5
ISBN 978-7-5096-9045-1

Ⅰ.①G… Ⅱ.①宁… Ⅲ.①世界经济—影响—企业管理—出口贸易—汇率波动—研究—中国 Ⅳ.①F752.62

中国国家版本馆CIP数据核字(2023)第093972号

组稿编辑：郭丽娟
责任编辑：韩　峰
责任印制：许　艳
责任校对：陈　颖

出版发行：经济管理出版社
（北京市海淀区北蜂窝8号中雅大厦A座11层　100038）
网　　址：www.E-mp.com.cn
电　　话：(010) 51915602
印　　刷：唐山玺诚印务有限公司
经　　销：新华书店
开　　本：720mm×1000mm/16
印　　张：11.25
字　　数：198千字
版　　次：2023年6月第1版　　2023年6月第1次印刷
书　　号：ISBN 978-7-5096-9045-1
定　　价：88.00元

前　言

汇率变动对出口企业的冲击，一直是一个备受关注的现实性话题。对中国来说，尤其如此。从这个话题出发做一个有趣的研究，研究的一方是最近热度大增的全球价值链（Global Value Chain，GVC），另一方则是出口企业。

本书以出口企业对汇率变动的异质性反应作为研究的现实背景和逻辑起点，尝试从企业不同 GVC 分工位置出发，不仅考察了企业 GVC 分工位置的高低对其应对汇率变动能力的影响，而且考察了上下游企业之间、龙头企业与非龙头企业之间的汇率传递与溢出效应，以期全面把握 GVC 分工位置差异对出口汇率弹性的影响，得到更具启发性的研究成果。

研究的起因在于，近年来在贸易摩擦加剧的背景下，人民币汇率波动更加频繁，进一步增加了出口企业面临的不确定性因素。值得注意的是，自中国加入世界贸易组织（以下简称 WTO）以来，出口企业自身也发生了巨大变化，在不断融入 GVC 的过程中，其 GVC 分工位置在不断攀升。面对同样的汇率变动，处于不同分工位置的出口企业呈现迥然不同的反应：处于加工组装下游环节的出口企业由于失去价格优势而出现经营困难甚至被迫退出 GVC 的状况；处于 GVC 高端环节的企业则能够保持出口量相对稳定，应对能力明显较强。由此可见，企业嵌入 GVC 位置的变化与其应对出口汇率变动的能力之间，可能存在密切的关联。

基于这样的出发点，按照以下逻辑梳理研究内容。

在理论方面，通过拓展相关模型构建本书的理论框架，为实证分析提供理论基础。理论框架涵盖三部分：一是 GVC 分工位置对出口汇率弹性的影响及其作用机制；二是 GVC 上游企业对下游企业的汇率传递效应；三是 GVC 龙头企业对非龙头企业的汇率溢出效应。首先，基于初始资本差异的前提假设，利用 Melitz（2003）异质性模型推导出 GVC 分工位置高的企业具有更高的企业生产率，将此结论引入 Berman 等（2012）提出的 BMM 模型，进而将原模型中企业生产率异质性视角延伸至 GVC 分工位置异质性视角，构建起 GVC 分工位置影响出口汇率弹性的模型，同时推导了 GVC 分工位置影响出口汇率弹性的作用机制。其次，通过拓展 Johnson（2018）模型构建了上游企业对下游企业的汇率传递效应模型，分析了 GVC“溢出效应”和“瀑布效应”，发现上游企业的贸易成本会转移到下游企业并成为其隐含成本；同时讨论了“溢出效应”和“瀑布效应”与汇率传递性的关系，发现上下游企业之间具有汇率传递效应。最后，通过融合 Antràs 和 Gortari（2020）主导企业模型、异质性禀赋匹配模型与 Alfaro 等（2019）最优生产边界模型，分别推导出龙头企业通过价值链延长效应、生产率溢出效应和成本降低效应影响非龙头企业出口汇率弹性，从而构建起龙头企业对非龙头企业的汇率溢出效应模型，推理出不同实力企业之间存在汇率溢出效应，从而为经验研究提供理论基础。

在实证方面，本书采用了 2000～2013 年中国细分投入产出表、世界投入产出表（WIOT）、工业企业数据和海关数据，匹配后得到企业—目的国—产品三维数据样本，对理论分析框架得到的结论逐一进行实证检验。

其一，考察 GVC 分工位置对企业出口汇率弹性的影响。研究显示，GVC 分工位置攀升提高企业出口价格的汇率弹性，降低其出口量的汇率弹性，长期内影响更加显著，这一结论在考虑人民币跨境结算的情况下仍然成立。GVC 分工位置对出口汇率弹性的影响机制主要源于企业生产率和企业垄断度的差异。人民币贬值期间，上游企业更倾向于通过提高其离岸出口价格，将人民币贬值带来的价格优势更多地变为成本加成，而非盲目扩大企业出口量；人民币升值期间，上游企业相机抉择地主动调节出口价格，减少成本加成，更大程度降低其出口价格，从而稳定出口量，这一现象在汇率变动剧烈期和非外资企业中尤为明显。更进一步地，通过将企业 GVC 分工位置变动进行产业间和产业内分解，发现中国企业提高汇率变动的应对能力主要依靠产业升级效应，而非产品结构效应。GVC 分工位置攀升有助于提高企业抵抗汇率变动风险的能力，相对于下游企业的“随波逐流”，上游企业更倾向于“逆流而上”，通过调整离岸出口价格来稳定出口量。

其二，考察上游企业对下游企业的汇率传递效应。研究显示，无论从投入视角还是从产出视角看，企业 GVC 位置均是影响汇率传递效应的重要因素。GVC 上游企业通过“溢出效应”和“瀑布效应”增加下游企业贸易成本，进而影响汇率传递效应，因此，GVC 上下游企业之间具有汇率传递效应。这一结论在控制其他传导渠道、更改测算数据库或使用不同样本后仍然成立。将 GVC 分工位置分解为基础位置和价值链长度位置，并将价值链长度分解为简单 GVC 和复杂 GVC 后发现，价值链长度位置对汇率传递效应发挥主导作用，而且复杂 GVC 中企业的汇率传递效应更小。异质性分组检验发现，本币贬值期，位于 GVC 上游和复杂 GVC 中的企业，其汇率传递效应更小；非外资企业或出口产品到发达国家的企业，其汇率传递效应更小。进一步研究发现，GVC 嵌入程度的增加，可以缓解 GVC 上下游企业对汇率传递效应的影响，起到润滑剂作用。

其三，考察龙头企业对非龙头企业的汇率溢出效应。估计结果显示，龙头企业 GVC 分工位置的攀升同时会导致非龙头企业出口价格汇率弹性的提升和出口量汇率弹性的降低，进而龙头企业对非龙头企业具有汇率溢出效应。并且这些影响主要是通过龙头企业的生产率溢出效应、成本降低效应和价值链延长效应来实现。为保证实证结果的准确性和有效性，本书在基准检验的基础上，考虑内生性、变量遗漏、样本偏差等多方面的不足，采用替换核心解释变量、更换数据样本区间、使用工具变量法、2SLS 和 GMM 等多种计量方法进行稳健性检验，结果均表明上述实证研究结果稳健有效。在“双重嵌入”模式下，产业集群分别以横向集聚、纵向集聚和空间集聚的方式，对龙头企业的汇率溢出效应发挥了叠加性调节作用，且上游集聚的调节力度大于下游集聚；与不存在龙头企业的产业集群相比，存在龙头企业的产业集群，无论是龙头企业的汇率溢出效应还是三种集聚的调节效应均更加显著。

在政策建议方面，根据理论分析和实证检验的主要结论，本书从促进企业 GVC 分工位置攀升、提高企业应对汇率风险能力等角度提出了相关建议。在微观层面，首先，应鼓励和引导企业通过技术创新等途径提升 GVC 分工位置，提高应对汇率风险的能力；其次，在 GVC 分工位置攀升过程中，企业长期应多关注产品的内部价值链升级，而非盲目改变出口产品种类；最后，鼓励龙头企业嵌入当地产业集群，发挥产业集聚引领作用，提倡“双重嵌入”模式，提升龙头企业与非龙头企业的一体化水平，提高企业应对汇率风险能力。在宏观层面，一方面，各国需要更加谨慎地选择汇率贸易政策，处于 GVC 上游（特别是复杂 GVC）的发达国家，其本币贬值不仅难以缓解其出口贸易压力，而且“以邻为壑”的汇率贸易政策最终会导致“以己为壑”的贸易结果；另一方面，支持产业集群嵌入 GVC，构建“双循环”新发展格局。上述政策建议在汇率变动和贸易摩擦升级环境下，为重视国内价值链发展、促进国内价值链与国外价值链良性互动的双循环模式提供了支持。

本书问世之际，诸多感恩和感谢，浮亘于心：

感谢本书的主导者——綦建红教授，她不仅是研究的提出者，还是研究的主导者。博士生生涯中一直受到綦老师的精心指导，使我受益匪浅。

感谢本书出版的支持者——商务部国际贸易经济合作研究院，本书能够与读者见面，离不开商务部国际贸易经济合作研究院的支持和帮助。

感谢本书的实现者——经济管理出版社，感谢经济管理出版社责任编辑对本书的辛勤付出。

目　录

第 1 章　导言 …………………………………………………………… 1

1.1　选题背景与研究意义 …………………………………………… 1
1.2　研究思路、技术路线与主要内容 ……………………………… 5
1.3　主要研究方法 …………………………………………………… 10
1.4　创新之处 ………………………………………………………… 11

第 2 章　国内外文献综述 ………………………………………………… 15

2.1　GVC 分工位置的测度与决定因素 ……………………………… 15
2.2　出口汇率弹性的影响因素 ……………………………………… 24
2.3　GVC 与出口汇率弹性之间的关系 ……………………………… 27
2.4　现有文献的总结与评述 ………………………………………… 29

第 3 章　GVC 分工位置影响出口汇率弹性的理论框架 ………………… 32

3.1　GVC 分工位置影响出口汇率弹性的基础模型 ………………… 32
3.2　GVC 上游企业对下游企业的汇率传递效应 …………………… 37
3.3　GVC 龙头企业对非龙头企业的汇率溢出效应 ………………… 41
3.4　本章小结 ………………………………………………………… 47

第 4 章　GVC 分工位置测度与典型化事实 ……………………………… 48

4.1　数据筛选与说明 ………………………………………………… 48
4.2　GVC 分工位置测度 ……………………………………………… 50
4.3　企业上游度的变化趋势 ………………………………………… 59
4.4　企业上游度的分布特征 ………………………………………… 61
4.5　企业上游度变化的异质性特征 ………………………………… 65

4.6 企业上游度与出口汇率弹性关系的初步描述 …… 69
4.7 本章小结 …… 72

第5章 GVC 分工位置对出口汇率弹性的影响检验 …… 74

5.1 GVC 分工位置是否影响出口汇率弹性 …… 74
5.2 GVC 分工位置影响出口汇率弹性的渠道机制 …… 85
5.3 GVC 分工位置变动的结构效应和升级效应对出口汇率弹性影响的异质性 …… 88
5.4 本章小结 …… 92

第6章 GVC 上游企业对下游企业的汇率传递效应 …… 94

6.1 上游企业会对下游企业产生汇率传递效应吗 …… 94
6.2 GVC 基础位置和价值链长度位置影响汇率传递效应的对比分析 …… 104
6.3 价值链长度影响汇率传递效应的再审视 …… 106
6.4 GVC 参与度的叠加效应 …… 109
6.5 本章小结 …… 112

第7章 GVC 龙头企业对非龙头企业的汇率溢出效应 …… 114

7.1 龙头企业的汇率溢出效应是否存在 …… 114
7.2 龙头企业的汇率溢出效应从何而来 …… 127
7.3 “双重嵌入”如何调节龙头企业的汇率溢出效应 …… 131
7.4 本章小结 …… 139

第8章 结论、政策建议与研究展望 …… 141

8.1 主要结论 …… 141
8.2 政策建议 …… 147
8.3 研究展望 …… 149

参考文献 …… 151

第1章　导言

1.1　选题背景与研究意义

1.1.1　现实背景和意义

汇率变动对出口企业的冲击一直备受关注。汇率变动直接影响产品的国际相对价格和出口规模，是出口企业开展国际贸易面临的重要市场风险。对于中国而言，亦是如此。从图 1-1 可以看出，无论是 2005 年汇率改革之后的人民币升值趋势，还是近年来贸易摩擦加剧背景下的人民币汇率频繁波动，均增加了出口企业面临的不确定性因素。

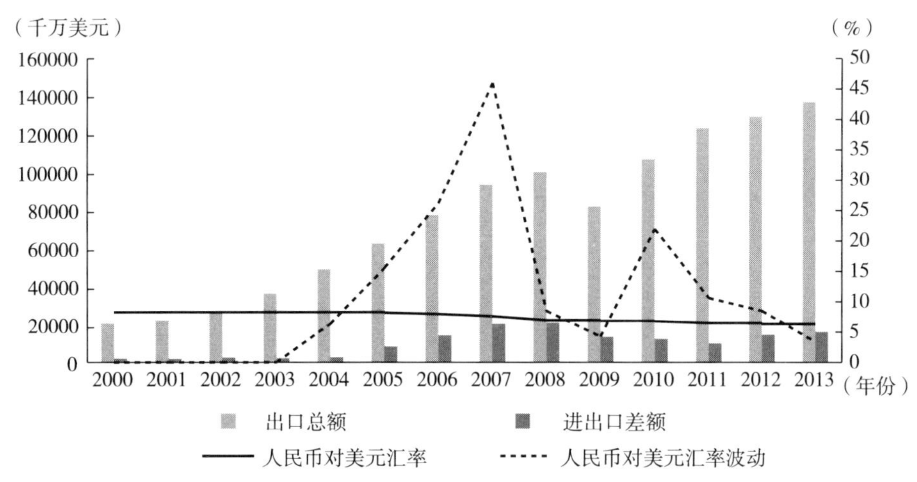

图 1-1　2000~2013 年中国贸易与汇率变动趋势

数据来源：IMF database 数据库。

值得注意的是，2005 年以后不仅是中国企业加入 WTO 后出口快速扩大的时期，而且是全球价值链（GVC）分工体系不断扩张的时期。正如 Turkina 和 Assche（2018）所指出的，嵌入 GVC 已经迅速成为中国企业最显著的特征之一。在这一时期，中国企业 GVC 嵌入程度不断加深，且分工位置逐步攀升（见图 1-2），无论是从 GVC 前向嵌入程度还是从 GVC 后向嵌入程度来看，中国企业 GVC 嵌入程度都在逐步加深，GVC 嵌入位置日趋上升。

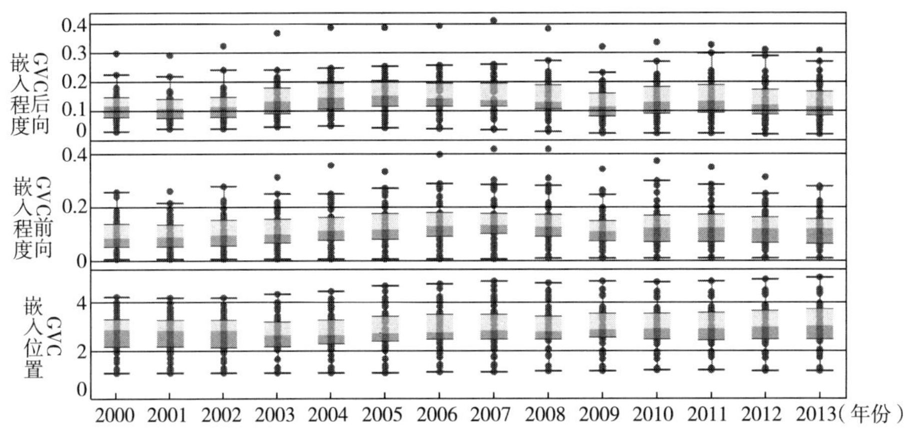

图 1-2　2000~2013 年中国企业 GVC 嵌入程度和嵌入位置变动趋势

数据来源：根据笔者计算所得，方框大小表示企业间差异。

更为重要的是，面对同样频繁的汇率变动，不同嵌入位置的出口企业呈现迥然不同的反应。将出口企业按照 GVC 嵌入位置的高低分为 GVC 上游企业、GVC 中游企业和 GVC 下游企业，可以发现 GVC 上游企业能够保持出口相对稳定，应对能力明显较强，而 GVC 下游企业，尤其是一些加工组装环节的出口企业，由于失去价格优势而经营困难，甚至被迫退出 GVC。如图 1-3 所示，面临同样的汇率变动大环境，GVC 上游企业的持续出口概率和持续出口时间明显高于 GVC 下游企业。这种现象引发了本书的第一个思考，即 GVC 分工位置是否影响出口企业应对汇率风险的能力。

与此同时，GVC 上下游企业间紧密相关，生产环节环环相扣，GVC 上游企业的生产行动必然会对下游企业产生影响，如 GVC 中上下游企业间存在贸易成本的“层级效应”（Diakantoni 等，2017），这种上下游企业间的关系引发了本书的第二个思考，即上游企业会对下游企业应对汇率风险的能力产生何种影响，影响的作用渠道如何。

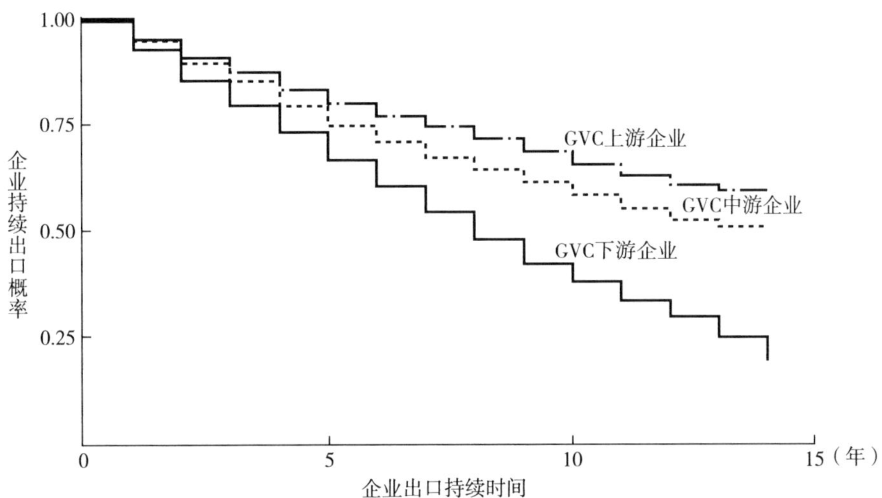

图 1–3　GVC 不同位置企业出口持续时间的生存曲线

数据来源：根据笔者计算所得。

随着中国在全球 GVC 分工位置重要性的彰显，出口龙头企业也逐渐受到关注，其出口额在各行业总出口额中的比重始终居高不下（见图 1–4）。中国共产党第十九次全国代表大会上的报告中提出，“培育具有全球竞争力的世界一流企业”，“促进我国产业迈向全球价值链中高端”，这就对培育龙头企业提出了新的战略要求。在早期阶段，出口龙头企业大多是独立嵌入 GVC，而在中国加入 WTO 之后，出口龙头企业先嵌入当地产业集群，后与集群中非龙头企业“抱团嵌入”GVC 的模式逐步流行（刘志彪，2020）。一方面，产业集群本身释放的集聚经济既促进企业出口（Koenig 等，2010；佟家栋和刘竹青，2014；马述忠和张洪胜，2017），又显著增加出口国内附加值率（邵朝对和苏丹妮，2019）；另一方面，龙头企业的 GVC 分工位置对于非龙头企业的影响是多维的，尤其是随着“双重嵌入”的不断发展，中国的产业集群表现为横向集聚、纵向集聚和空间集聚等多种形式，这些多维集聚和龙头企业 GVC 分工位置进一步交织在一起，无疑会对非龙头企业产生更深入的影响。由此引发了本书的第三个思考，即 GVC 龙头企业是否存在汇率溢出效应，在“双重嵌入”趋势下，是否进一步提高了企业应对汇率风险的能力。

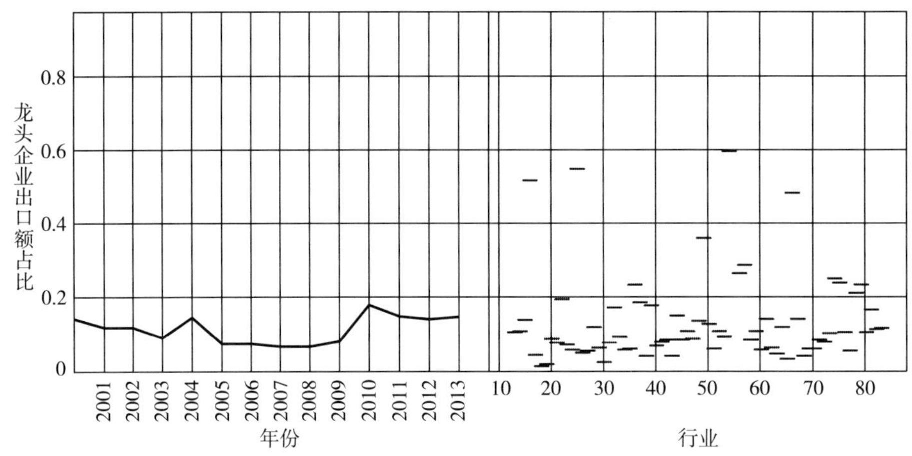

图 1-4　龙头企业出口额占各行业总出口额的比重

数据来源：根据笔者计算所得，其中行业指工业企业数据库中制造业行业二位代码①。

1.1.2　理论背景和意义

汇率变动对出口的影响机制一直是国际贸易学关注的研究领域。随着 Melitz（2003）异质性企业理论成为微观研究的主流思想，从企业异质性的视角出发，研究汇率变动对出口影响的理论模型也逐渐增多。其中 Berman 等（2012）提出的 BMM 模型作为经典模型，将汇率因素和多产品企业的出口行为纳入统一框架下分析汇率与出口的关系，并将研究拓展到企业生产率的维度。但是，随着企业异质性特征的不断发展变化，为了与实际经济发展更加吻合，BMM 模型需要拓展到企业生产率以外的其他企业异质性维度。

与之呼应的是，随着 GVC 分工体系的发展，企业异质性的内涵也发生了巨大的变化。这是因为，企业生产过程越来越全球化，在全球范围内共同参与某一

① 制造业行业二位代码的含义为：13. 农副食品加工业；14. 食品制造业；15. 饮料制造品；16. 烟草制品业；17. 纺织业；18. 纺织服装、鞋、帽制造业；19. 皮革、毛皮、羽毛（绒）及制造品；20. 木材加工及木、竹、藤、棕、草；21. 家具制造业；22. 造纸及纸制品业；23. 印刷业和记录媒介的复制；24. 文教体育用品制造业；25. 石油加工、炼焦及核燃料加工业；26. 化学原料及化学制造品制造业；27. 医药制造业；28. 化学纤维制造业；29. 橡胶制造品业；30. 塑料制品业；31. 非金属矿物制品业；32. 黑色金属冶炼及压延加工业；33. 有色金属冶炼及压延加工业；34. 金属制造业；35. 通用设备制造业；36. 专用设备制造业；37. 交通设备制造业；38. 其他制造业；39. 电气机械及器材制造业；40. 通信设备、计算机及其他电子设备；41. 仪器仪表及文化、办公用机械；42. 废弃资源综合利用业；43. 金属制品、机械和设备修理业。

商品的生产，企业这种 GVC 生产分工模式已经成为世界经济的支柱和中枢神经系统（Hummels 等，2001；Baldwin 和 Gonzalez，2013）。由此可见，企业 GVC 分工位置不仅是影响企业行为新的长期性特征（World Development Report，2020），而且也成为企业显著的异质性特征之一。

但是，我们也必须承认，GVC 分工体系在有助于推动企业长足发展的同时，也会扩大外部冲击的影响力。例如，2008~2009 年国际金融危机导致的世界贸易衰退是世界 GDP 衰退的 4 倍，GVC 分工扩大了金融危机对世界贸易的影响（Bems 等，2011；代谦和何祚宇，2015；倪红福和夏杰长，2016）是原因之一。在此理论背景下，本书重点考虑汇率这一外部冲击，并且将出口汇率弹性的研究视角进一步拓展到 GVC 分工位置的异质性。

从已有研究来看，虽然少数文献已经将 GVC 分工位置纳入 GVC 异质性，但是尚无文献将其与出口汇率弹性相联系进行研究；对 GVC 企业间的关系研究仅停留在 GVC 企业间治理模式方面（Gereffi 等，2005），不仅缺乏理论模型的支持，而且忽略了 GVC 内部企业间的关系，未回答 GVC 内部上下游企业间的汇率传递关系，也未回答龙头企业与非龙头企业间的汇率溢出关系。对此，本书试图通过建立异质性出口模型考察汇率变动对处于不同 GVC 分工位置企业出口的影响，丰富和拓展了异质性出口贸易理论，为汇率变动下的企业出口行为提供了新的理论视角。与此同时，从企业 GVC 分工位置高低和出口规模大小两个维度对企业间汇率影响机制进行研究，构建上下游企业间汇率传递效应理论框架和龙头企业对非龙头企业汇率溢出效应理论框架。

1.2 研究思路、技术路线与主要内容

1.2.1 研究思路

本书在扩展异质性企业贸易理论的基础上，从多个维度分析企业 GVC 分工位置与其出口汇率弹性之间的关系。据此，本书将按照理论模型建立——典型事实描述——多维实证检验——相应对策建议的逻辑顺序逐步展开分析和探讨。

在理论研究部分，本书基于拓展 BMM 模型构建 GVC 分工位置影响出口汇率弹性的理论框架；同时推导 GVC 分工位置影响出口汇率弹性的传导机制。在此基础上，本书将研究视角拓展到 GVC 企业间汇率影响关系：一方面从企业分工

位置高低出发，基于拓展 Johnson（2018）模型与 GVC“溢出效应”和“瀑布效应”构建上游企业对下游企业的出口汇率弹性传递效应理论模型；另一方面从企业出口规模出发，结合 Antràs 和 Gortari（2020）主导企业模型、异质性禀赋匹配模型以及 Alfaro 等（2019）最优生产边界模型梳理出龙头企业对非龙头企业汇率溢出效应的理论框架。

在经验研究部分，本书采用 2000~2013 年中国细分投入产出表、世界投入产出表、中国工业企业数据和海关贸易数据的匹配数据库测度了企业上游度和出口汇率弹性等核心指标，根据测算结果进行典型化事实分析，并初步描述企业上游度与出口汇率弹性的相关关系。

在实证检验部分，本书基于理论分析框架采用计量模型对 GVC 分工位置与出口汇率弹性的关系进行检验，检验包括三部分：①考察不同 GVC 分工位置对出口汇率弹性的影响及作用机制，并从 GVC 分解视角对出口汇率弹性的影响进行更深层次的分析；②考察 GVC 上游企业对下游企业的汇率传递效应，将 GVC 长度进行细化分解后逐步深入分析，同时基于 GVC 嵌入度视角进行了拓展分析；③考察龙头企业 GVC 分工位置攀升是否会影响非龙头企业的出口汇率弹性，进而实证检验龙头企业的汇率溢出效应，并通过中介模型对理论推导中提出的三大渠道进行检验，结合“双重嵌入”模式进行进一步研究。

在对策建议部分，本书在总结理论分析和实证检验结论的基础上，进一步结合中国实际，从微观企业层面和宏观国家层面分别提出相关政策建议。

1.2.2 技术路线

本书的技术路线如图 1-5 所示。

1.2.3 主要内容

本书的研究内容共分为八章，主要内容简介如下：

第 1 章，导言。主要介绍了本书的选题背景和研究意义、研究思路、技术路线与主要内容、主要研究方法和创新之处。

第 2 章，国内外文献综述。本章围绕 GVC、出口汇率弹性以及两者的关系三个方面分别回顾并梳理了国内外相关文献。首先，GVC 是本书研究的切入点，在界定 GVC 定义的基础上，综述关于 GVC 的实证研究，尤其详细阐述了 GVC 相关测算的研究，以利于本书选择科学可行的测算方法和模型。其次，出口汇率弹性是本书研究的落脚点，从国家、企业和产品三个层面全面梳理了影响出口汇率

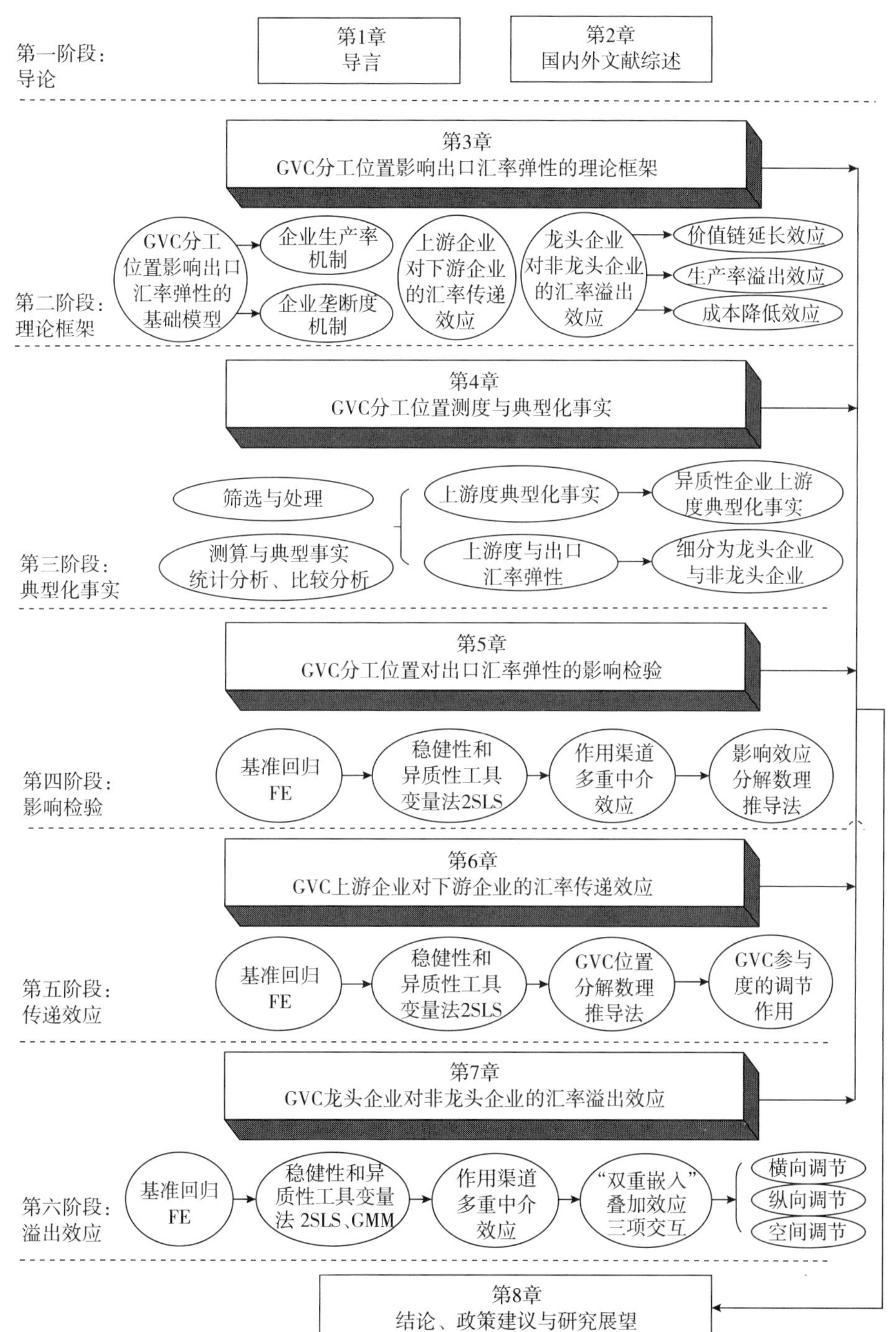
第一阶段：
导论
第1章
导言
第2章
国内外文献综述
第3章
GVC分工位置影响出口汇率弹性的理论框架
GVC分工位置影响出口汇率弹性的基础模型
企业生产率机制
企业垄断度机制
上游企业对下游企业的汇率传递效应
龙头企业对非龙头企业的汇率溢出效应
价值链延长效应
生产率溢出效应
成本降低效应
第二阶段：
理论框架
第4章
GVC分工位置测度与典型化事实
筛选与处理
测算与典型事实统计分析、比较分析
上游度典型化事实
异质性企业上游度典型化事实
上游度与出口汇率弹性
细分为龙头企业与非龙头企业
第三阶段：
典型化事实
第5章
GVC分工位置对出口汇率弹性的影响检验
第四阶段：
影响检验
基准回归FE
稳健性和异质性工具变量法2SLS
作用渠道多重中介效应
影响效应分解数理推导法
第6章
GVC上游企业对下游企业的汇率传递效应
第五阶段：
传递效应
基准回归FE
稳健性和异质性工具变量法2SLS
GVC位置分解数理推导法
GVC参与度的调节作用
第7章
GVC龙头企业对非龙头企业的汇率溢出效应
第六阶段：
溢出效应
基准回归FE
稳健性和异质性工具变量法 2SLS、GMM
作用渠道多重中介效应
“双重嵌入”叠加效应三项交互
横向调节
纵向调节
空间调节
第8章
结论、政策建议与研究展望

图 1-5　本书的技术路线

弹性的文献，为本书探讨 GVC 分工位置对出口汇率弹性的作用机制提供了坚实的理论文献基础。再次，从 GVC 嵌入与否和 GVC 嵌入程度两个方面梳理归纳 GVC 影响出口汇率弹性的相关文献，挖掘出本书研究的创新点。最后，评述现有研究的成就与不足，提出本书致力于改进的方向。

第 3 章，GVC 分工位置影响出口汇率弹性的理论框架。本章理论框架主要包括三部分：不同 GVC 分工位置与出口汇率弹性、GVC 上游企业对下游企业的汇率传导效应以及龙头企业对非龙头企业的汇率溢出效应。具体而言，首先，基于拓展 BMM 模型构建 GVC 分工位置与出口汇率弹性理论模型；同时推导了 GVC 分工位置影响出口汇率弹性的作用机制。其次，基于拓展 Johnson（2018）模型和 GVC“溢出效应”和“瀑布效应”构建 GVC 上游企业对下游企业的出口汇率弹性传递效应理论模型。最后，结合 Antràs 和 Gortari（2020）主导企业模型、异质性禀赋匹配模型以及 Alfaro 等（2019）最优生产边界模型梳理出龙头企业会通过生产率溢出效应、成本降低效应和价值链延长效应影响非龙头企业的出口汇率弹性，从而为经验研究提供理论基础。

第 4 章，GVC 分工位置测度与典型化事实。在完成数据筛选、处理与匹配等步骤后，详细地阐述了核心指标企业上游度的测算和经济学含义，同时给出了全样本和分组样本的典型性事实。在此基础上，对 GVC 分工位置与出口汇率弹性的关系进行初步拟合后发现，GVC 分工位置与出口价格汇率弹性存在正向相关关系，与出口量汇率弹性存在负向相关关系。

第 5 章，GVC 分工位置对出口汇率弹性的影响检验。利用企业—目的国—产品—时间三维数据实证检验 GVC 分工位置对出口汇率弹性的影响，首先，分别考察 GVC 分工位置对出口量汇率弹性和出口价格汇率弹性的影响。其次，采用中介模型对生产率和垄断度两大传导机制进行实证检验。最后，将企业 GVC 分工位置变动进行产业间和产业内分解，分别考察产业升级效应和产品结构效应对出口汇率弹性的影响。结果表明，企业 GVC 位置攀升会提高企业生产率和垄断度，从而增大出口价格的汇率弹性，减小出口量的汇率弹性，且上述影响在长期内更加显著；在人民币贬值期，相对于下游企业的“随波逐流”，上游企业更倾向于“逆流而上”，通过提高其离岸出口价格稳定出口量，且这一现象在汇率剧烈变动期和非外资企业中更加明显。通过将企业 GVC 位置变动进行产业间和产业内分解，进一步发现中国企业提高汇率变动的应对能力主要依靠产业升级效应，而非产品结构效应。

第 6 章，GVC 上游企业对下游企业的汇率传递效应。本书在整体分析 GVC

分工位置与出口汇率弹性的基础上，进一步探究 GVC 上下游企业的关系，进而研究影响企业间汇率传递的效应。首先，基于构建的理论框架实证检验 GVC 上游企业对下游企业的出口汇率传递效应。其次，将 GVC 分工位置不断细分，探索出 GVC 分工位置影响汇率传递效应最根本的原因，将 GVC 分工位置分解为基础位置和价值链长度位置，分别考察其对汇率传递的影响，发现价值链长度位置的影响作用更加显著。进而基于 Wang 等（2017a）方法再次将价值链长度分为简单 GVC 长度和复杂 GVC 长度，发现复杂 GVC 长度是关键因素。从而通过层层分解找出 GVC 分工位置影响汇率传递效应最深层次的原因。进一步从汇率变化方向的视角分析 GVC 分工位置对汇率传递效应的非对称影响。最后，首次将 GVC 参与强度和高度两大视角相结合对主题进行扩展分析，研究了不同 GVC 参与度下，GVC 分工位置对汇率传递效应的影响。结果表明，企业 GVC 位置的不断攀升会通过“溢出效应”和“瀑布效应”削弱汇率传递效应；GVC 位置可分解为基础位置和价值链长度位置，后者不仅对汇率传递效应发挥主导作用，而且将价值链长度分解为简单 GVC 和复杂 GVC 后发现，复杂 GVC 中企业的汇率传递效应更小；在本币贬值期，GVC 上游和复杂 GVC 中的非外资企业其汇率传递效应更加不完全。GVC 分工位置和 GVC 参与度对汇率传递性分别起到了摩擦剂和润滑剂的作用。

第 7 章，GVC 龙头企业对非龙头企业的汇率溢出效应。在前面理论框架的基础上，先构建龙头企业 GVC 分工位置影响非龙头企业的出口汇率弹性的计量模型，采用固定效应估计（FE）、系统广义矩估计（GMM）、二阶最小二乘法（2SLS）以及中介效应模型等多种计量方法进行实证检验发现，龙头企业 GVC 分工位置的攀升会同时导致非龙头企业出口价格汇率弹性的提升和出口量汇率弹性的降低，且这些影响主要是通过龙头企业的生产率溢出效应、成本降低效应和价值链延长效应来传导的；在更换龙头企业标准、GVC 分工位置指标、样本企业类型和样本时间区间后，基本结论保持不变。异质性分组检验表明，龙头企业 GVC 分工位置的攀升对劳动密集型 GVC 中出口量汇率弹性的降低程度最大，对资源密集型 GVC 出口价格汇率弹性的提高程度最大；非龙头企业参与 GVC 程度越高，尤其是后向 GVC 参与程度越高，受龙头企业汇率溢出的影响越显著；同时随着非龙头企业上游度的提高，龙头企业的汇率溢出效应逐步降低，且龙头企业的汇率溢出效应在外资企业中更小。在“双重嵌入”模式下，分别从横向产业集聚、纵向产业集聚以及空间集聚的视角考察产业集群在其中起到的调节作用，采用交互项的计量方法全面分析了集聚起到的调节作用。结果表明，产业集群对龙头企业的汇率溢出效应发挥了多维叠加性的调节作用，且上游集聚的调节力度大于下游集聚；与不存在龙头企业的产业集群相比，存在龙头企业的产业集群无论是龙头企业的汇率溢出效应还是三种集聚的调节效应均更加显著。

第 8 章，结论、政策建议与研究展望。该部分对研究成果进行了归纳和总结，得到相应的政策启示，并给出该领域将来的研究方向。

1.3 主要研究方法

本书主要采用了以下三种研究方法：

1.3.1 数理模型构建法

在理论层面，本书使用矩阵分解和泰勒展开等数学推导方法，在 BMM 模型出口汇率弹性理论的基础上结合 Melitz（2003）引入 GVC 分工位置，拓展了 GVC 分工位置对出口汇率弹性影响机制的一系列理论模型，具体包括：GVC 分工位置影响出口汇率弹性理论模型、上游企业对下游企业的汇率传递效应模型和龙头企业对非龙头企业的汇率溢出效应模型。本书不仅构建了 GVC 分工位置与出口汇率弹性的整体理论框架，而且研究了 GVC 企业间汇率传递和溢出效应理论框架，从而为实证研究奠定了理论基础，本书中实证检验和理论模型一一对应，进一步通过实证检验了理论的适用性，从而佐证了本书的核心观点。

1.3.2 多种计量方法

在实证层面，本书采用中国细分投入产出表、中国工业企业数据库和中国海关数据库的海量数据，采用多种计量方法对理论框架中提出的假设一一进行相应实证检验，从而证明了核心观点的正确性和有效性。无论是 GVC 分工位置对出口汇率弹性的影响检验 GVC 上下游汇率传递效应的实证检验，还是龙头企业对非龙头企业的汇率溢出效应检验，本书均采用固定效应模型（FE）进行实证回归，并在此基础上使用中介模型检验了 GVC 分工位置影响出口汇率弹性的中介机制。同时，采用工具变量法和二阶段最小二乘法（2SLS）、GMM 估计等多种方法进行稳健性检验，在很大程度上缓解了实证模型存在的内生性问题，使得结论更为稳健可信。

1.3.3 解构分析方法

本书从整体上分析了GVC分工位置对出口汇率弹性的影响，并在此基础上，运用解构分析方法研究了三方面内容。一是解构GVC企业之间关系对出口汇率弹性的影响，包括从企业分工位置高低出发考察上游企业对下游企业的出口汇率弹性的传递效应，以及从企业出口规模出发考察龙头企业对非龙头企业的汇率溢出效应。二是解构GVC分工位置，对GVC分工位置进行层层解构。第一层解构是基于产业内和产业外，将GVC分工位置解构为GVC结构效应和GVC升级效应；第二层在第一层的基础上再次解构，将产业内GVC分工位置解构为基础位置与价值链长度位置；第三层是基于前向链接和后向链接将价值链长度位置解构为前向价值链长度位置和后向价值链长度位置。三是解构不同所有制企业、不同GVC类型企业、不同GVC嵌入程度企业和不同出口目标国企业等异质性特征，以期得出更加细致和有针对性的研究结论。

1.4 创新之处

1.4.1 研究视角的创新

从已有研究来看，基于GVC分工位置来研究出口汇率弹性的文献凤毛麟角。而在为数不多的几篇文献中，一则多是从GVC后向关联出发，而这种从投入角度研究GVC对出口汇率弹性的影响，往往假定进口中间品与出口受到同样的汇率影响，这与现实经济生活相去甚远。在GVC分工体系下，进口与出口国家分布不可能完全一致，且在大多数情况下，进口来源地与出口目的国不同，此时两种汇率并无直接联系。二则虽然关注到汇率传递效应的差异，但是却缺乏对形成汇率传递效应差异因素的讨论。在GVC分工体系下，一个国家的出口产品又被用作中间品时，汇率传递效应会变得更加复杂。虽然有研究表明GVC因素在汇率传导过程中有显著作用，但对GVC因素的作用仍然阐述不够完整，比如，目前具有代表性的Powers和Riker（2013）模型，虽然统筹考虑GVC前向关联效应和后向关联效应，但是并未对第三国加工后再出口的流向继续追踪，也未对中间品投入国之前的第三国流向追踪，因而不能全面准确地评估汇率的出口影响。若要全面了解 GVC 对汇率出口弹性的影响，这些问题都值得进一步研究。

与已有研究相比，本书将企业 GVC 分工位置作为研究企业的新的异质性视角，从 GVC 分工位置异质性、产出的前向关联性、汇率传递效应和汇率溢出效应等新视角，实证分析了 GVC 分工位置对出口汇率弹性的影响，其主要创新表现为以下三点：其一，本书拓展了研究企业出口汇率弹性的异质性视角，并从出口价格和出口数量两个维度分别研究 GVC 分工位置变动对出口汇率弹性的影响。与整体考察出口额的已有文献相比，本书可以更加明晰企业出口对汇率变动的动态价格调整路径。其二，本书从前向关联视角出发，基于产出角度研究 GVC 对出口汇率弹性的影响，避免了投入视角分析时存在的前提假设条件缺陷，同时强调产出视角中 GVC 前向关联的贸易流向路径。其三，考虑到 GVC 分工位置的异质性会带来汇率传递效应的差异是目前学界新的研究方向，本书立足 GVC 分工位置，从 GVC 内部上下游企业间成本传递关系这一视角重新审视汇率传递效应差异，扩展了既有研究内容。其中，鉴于已有文献尚未考察龙头企业对非龙头企业的汇率溢出效应，本书尝试予以补充，探讨龙头企业是否具有汇率溢出效应及其传导渠道，从而厘清“龙头企业—非龙头企业”的内在互动效应，为 GVC 嵌入背景下企业应对汇率风险提供了新的解读。同时从横向集聚、纵向集聚和空间集聚三个维度分别探讨“双重嵌入”模式对龙头企业汇率“溢出效应”的叠加调节作用，丰富了产业集群与出口汇率弹性的相关研究。

1.4.2 理论模型的拓展

从已有研究来看，大多聚焦于 GVC 相关贸易利得和 GVC 分工体系中地位等的测度，如 GVC 国内（国外）增加值、GVC 嵌入度、GVC 长度和 GVC 分工位置等。GVC 相关的理论模型较少，为了解决理论分析模型的缺失问题，本书在理论模型拓展方面进行了大量研究，并确保每一章实证均有对应的理论分析框架。基于出口汇率弹性 BMM 模型的拓展，本书将 GVC 分工位置引入模型，进而将 BMM 模型的企业异质性视角由企业生产率拓展到 GVC 分工位置，并形成 GVC 分工位置影响出口汇率弹性的传导机制模型、上下游企业汇率传递效应模型和龙头企业汇率溢出效应模型，从理论上分析了 GVC 分工位置对出口汇率弹性影响的传导机制。上述理论模型不但关注了企业生产率、垄断度等 GVC 外部传导机制，而且研究了上下游企业间“瀑布效应”和“溢出效应”以及龙头企业对非龙头企业的“生产率溢出效应”“成本降低效应”和“价值链延长效应”等

GVC内部传导机制，内外兼顾地拓展了GVC相关理论框架。

就模型具体拓展方法而言，创新点如下：其一，更换原模型中的效用函数，使用C-D效用函数代替原模型中的CES效用函数。基于中国企业参与GVC分工的位置一般在中下游，国内外中间品的投入占比相对保持稳定，且可替代性不强的实际，本书将原有模型中的效用函数改为C-D效用函数，重新建模，从而拓宽了理论的适用范围。其二，尝试对GVC分工位置经济学含义进行数学推导。GVC缺乏明确的经济学含义一直是一个突出问题，本书借鉴Fally（2012）和Antràs等（2012）的理论模型，给出本书所使用的上游度指标的经济学含义的数学推导，从而对既有理论进行了完善。其三，BMM模型的三次拓展。第一次出现在第5章，将BMM模型和Melitz（2003）进行融合拓展，通过Melitz（2003）推导出企业生产率与GVC分工位置的函数关系，并将其代入BMM模型，从而将BMM模型从企业生产率异质性视角拓展到企业GVC分工位置异质性视角，进一步通过数学求导运算，分别推导出GVC分工位置与出口量汇率弹性和出口价格汇率弹性的关系。第二次出现在第6章，将BMM模型和累积贸易成本模型融合，推导出GVC分工位置与汇率传递效应的函数关系。第三次出现在第7章，在龙头企业生产率效应的推导中，异质性禀赋匹配模型由行业层面拓展到企业层面，并与BMM模型进行拓展，推导出企业层面的结论。

1.4.3 核心指标的改进

关于GVC分工位置的现有研究，多是基于国家和行业层面，分析一国或者一个行业在GVC分工体系中的地位以及如何提升等，鲜有企业层面的文献。与已有研究相比，本书从国家和行业层面转向微观层面，采用中国细分投入产出表数据测算了企业上游度，并在考虑产业结构变动渐进性和细化GVC分工位置的基础上进行分解。在指标测度方面，由于中国细分投入产出表每五年更新一次，在计算企业上游度时，与已有文献直接采用相近年份进行匹配的处理方法相比，本书将行业上游度数据进行差分平滑处理后再进行企业层面匹配的方法，不仅使得企业GVC分工位置变动与产业升级趋势更加吻合，而且提高了企业GVC分工位置变动分解的精确度。本书采用更加科学的测算方法，丰富相关GVC分工位置测度数据的同时，有利于寻找出口汇率弹性最显著的影响因素。在指标分解方面，本书对GVC分工位置进行了层层分解。目前关于GVC分工位置变动的分解不多（唐宜红和张鹏杨，2018；Chor等，2014），均只将企业GVC分工位置变动分解为产业间效应和产业内效应。而本书在此基础上进行数学分解，完成了

GVC 分工位置的深度分解，不仅将 GVC 分工位置产业内效应进一步分解为结构效应和价值链长度效应两部分，而且将价值链长度效应继续分解为复杂 GVC 长度效应和简单 GVC 长度效应，细化了 GVC 分工位置对出口汇率弹性影响的研究。

第 2 章　国内外文献综述

本章围绕 GVC 分工位置、出口汇率弹性以及二者之间的关系，梳理和回顾了国内外相关文献。首先，GVC 是本书研究的切入点，在界定 GVC 内涵的基础上，回顾 GVC 分工位置的相关研究，梳理 GVC 分工位置测算指标与方法，以利于本书选择科学可行的测算方法和模型。其次，出口汇率弹性是本书研究的落脚点，从国家、企业和产品三个层面全面梳理影响出口汇率弹性的文献，为本书探讨 GVC 分工位置对出口汇率弹性的作用机制提供了理论基础。再次，从 GVC 嵌入与否和 GVC 嵌入程度两个维度归纳梳理 GVC 影响出口汇率弹性的相关文献，明确本书能够创新的空间。最后，评述现有研究的成就与不足，提出本书致力于改进的方向。

2.1　GVC 分工位置的测度与决定因素

GVC 的概念从提出伊始到逐渐被人们所接受，经历了由浅及深的过程。20 世纪末，学者们对 GVC 提出了一个广义概念，将这一现象解释为中间投入货物和服务的跨境交易。根据这一广义定义，GVC 与生产过程中使用的国外增加值密切相关，形成因素及影响与原来的跨境贸易流动相同。但实际上，近年来 GVC 之所以受到广泛关注，是由于其具备了新的生产和贸易属性。因此，Antràs 和 Gortari（2020）提出狭义 GVC 的概念，认为 GVC 是由一系列阶段组成，这些阶段包括生产销售给消费者的产品或服务，每个阶段都增加价值，至少有两个阶段在不同的国家生产（Baldwin 和 Harrigan，2011）。GVC 生产交易在本质上不同于传统中间品跨境贸易理论的不记名的、一次性交易类型，参与 GVC 的各个企业需要在重复贸易的基础上进行高度定制的投入并且设计生产网络的组织结构。Antràs 和 Gortari（2020）指出狭义 GVC 具有以下四个特点：其一，参与 GVC 的各主体之间存在匹配摩擦，进出口的固定成本反映了寻找合适的零部件供应商或合适的产品买家的成本，可视为沉没成本，这会在 GVC 的参与者之间产生一种“黏性”。其二，GVC 关系具有稳定性，这在于 GVC 参与者需要进行量身定制的投资（如购买专门的设备或定制产品），如果 GVC 环节中断，则这些投资无法得到相应的回报。由于需要自定义输入以及质量敏感性方面的考虑，因此 GVC 企业间匹配特别重要。其三，参与 GVC 的企业不仅进行有形商品贸易，还涉及大量的无形资产（如技术、知识产权和信贷）交易。其四，GVC 中普遍存在锁定效应和无形资产流动。这是由于 GVC 往往是在缺乏强有力的法律环境下进行的，以前跨境货物交换通常不受在境内发生的类似交换的相同合同保障约束，而 GVC 参与者却不得不在它们之间进行重复交换，以实施一种“隐性契约”的治理。与匹配摩擦和设备专用性的情况一样，这种力量有助于 GVC 关系的“黏性”。

狭义 GVC 是本书使用的核心概念，同时本书研究 GVC 分工位置，其前提假设在于生产环节可分解且具有一定的顺序性，不仅允许资源在不同国家和部门之间流动，而且允许资源在不同生产阶段的部门之间流动，以实现最有效的利用。

2.1.1 GVC 分工位置测度

随着国际分工的深化，各国形成了 GVC 分工体系，GVC 分工位置成为了国际贸易领域的热点，对 GVC 分工位置的衡量指标较为多样化，如 GVC 嵌入度、GVC 分工位置、GVC 长度等。GVC 分工位置的差异影响一国在贸易中的获利能力，还决定了国家在 GVC 中的经济话语权，因此对 GVC 分工位置的研究有其必要性（唐宜红和张鹏杨，2018）。GVC 分工位置的变化将带来企业间的要素再配置（郑江淮和郑玉，2020）。根据王振国等（2019），对于 GVC 分工位置的衡量可分为两类：一类是根据各国或各行业中间品供给者和需求者的重要程度，间接反映 GVC 分工中的相对上下游位置（Koopman 等，2014；Wang 等，2017a），如 GVC 嵌入度指标；另一类是基于生产工序，测算上游度和下游度指数进行衡量（Fally，2012；Antràs 等，2012；Miller 和 Temurshoev，2017），如 GVC 分工位置和 GVC 长度指标。

2.1.1.1 GVC 参与度

关于 GVC 参与度方法的重要论文包括 Hummels 等（2001）、Koopman 等（2012）、Johnson 和 Noguera（2012）以及 Koopman 等（2014）。其中，Koopman 等（2012）提出 KWW 方法，按照来源不同将一个国家的总出口分解为不同的增加值，提供了一个测算增加值贸易的理论框架，并构建了一个指标，用来衡量一个国家的某个部门在 GVC 中是处于上游还是下游。KWW 方法的计算过程中不仅考虑了出口中的国外附加值，还将本国产品出口后被第三国间接出口的国内附加值考虑在内，因而准确测度了 GVC 的参与程度。Wang 等（2013）进一步发展了 KWW 方法，将中国的总出口进一步分为外资企业所得和国有企业所得，并且区别加工贸易和一般贸易。在双边贸易中所有国家的增加值贸易都降低了。程大中等（2017）基于贸易增加值前向分解法测算了 2000～2014 年中国整体及细分部门的服务贸易出口状况，发现中国服务贸易出口通过自身直接出口的比重从 2000 年的 32.16%下降到 2014 年的 26.07%，呈现不断下降的趋势。随着微观数据的细化发展，Koopman 等（2014）将垂直专业化和增加值贸易整合到统一框架中，总出口进一步细化分解为 9 项，分别为被国外吸收地增加值、返回国内的增加值、国外增加值和重复计算部分等。Wang 等（2013）将总出口分解公式从国家层面拓展产业层面，提出 16 项分解公式。Johnson 和 Noguera（2012）采用国内增加值除以总出口来考察参与 GVC 的程度。经过测度发现，GVC 在世界上的扩张正在以一种不平衡的方式发生。一方面，世界上有一些地区（如欧洲和东亚）深度参与 GVC，而世界其他地区的 GVC 的参与度要小得多，尤其是拉丁美洲和非洲。另一方面，即使是在各国积极参与 GVC 的情况下，其行业构成也有很大不同。一些国家在很大程度上专门从事农业 GVC（如埃塞俄比亚）或 GVC 的自然资源部分（如智利或挪威），其他各国主要参与 GVC 的制造环节，发展水平相对较低的国家（如坦桑尼亚）专门从事低技术制造业，发达经济体（如墨西哥、斯洛伐克或中国）参与高科技（或先进技术）制造过程（Byahut 等，2021）。国内学者也对中国 GVC 行业嵌入度进行了研究，例如，张海燕（2013）采用附加值贸易方法计算了中国 1995～2009 年 35 个不同行业的出口附加值；苏庆义（2016）通过对出口增加值的分解分析后，进一步发现本地增加值在省级层面的出口增加值中占比最高，国内外垂直专业化增加值次之，回流增加值最低。

鉴于企业数据的可获取性，还可以计算企业层面的 GVC 增加值。GVC 嵌入度的微观测度和宏观计算 GVC 增加值的思想一脉相承，目前，微观测度 GVC 分工位置的方法比较流行的是计算出口国内增加值，Kee 和 Tang（2016）是 GVC 微观测度方面比较经典的文献之一，基于企业和海关数据测算和解释了一个国家出口的国内增加值。在理论模型的基础上，合并企业异质性测算了一个加总国内增加值成为研究企业 GVC 演变的微观基础。Upward 等（2013）测算中国 2000～2007 年出口的国内增加值和技术密集度。结果表明，2003～2006 年，中国出口的国内增加值从 53%增加到 60%。

2.1.1.2 GVC 分工位置

目前 GVC 分工位置测度的研究大致可以分为两个维度：一是宏观维度，主要是基于投入产出表（单个国家或者多个国家投入产出表）对 GVC 进行测度；二是微观维度，主要是从企业层面出发，结合企业数据进行测算（Johnson，2018）。基于已有文献，沿着宏观测度和微观测度两大维度，对 GVC 分工位置测度相关理论研究进行综述。

从宏观维度来看，投入产出模型是位置测度的基本方法。这一思想最早由 Hummels 等（2001）提出，为 GVC 核算提供了思想源泉。Fally（2012）和 Antràs 等（2012）分别提出一种运用投入产出表对 GVC 分工位置进行测算的方法，这两篇经典文献均以 GVC 中的“行业”为出发点，将各行业在 GVC 中的位置量化为与最终消费之间的距离（Ju 和 Yu，2015），并使用“上游度”（Upstreamness）来命名（Antràs 等，2012）。其中，上游度越高意味着该行业距离最终消费越远。Fally（2012）认为，如果一个行业的产出更多地被上游行业使用，则说明该行业也处于相对上游。虽然 Fally（2012）和 Antràs 等（2012）的研究思路存在差异，但是测度结果是一致的（Miller 和 Temurshoev，2017）。国内学者基于此方法对中国行业上游度进行了测度，Ju 和 Yu（2015）分别利用 2002 年和 2007 年 122 个部门的中国细分投入产出表测算了中国各行业的上游度；唐宜红和张鹏杨（2018）利用 2000~2008 年 WIOD 数据和企业微观数据测度了中国企业上游度；何祚宇和代谦（2016）基于 WIOD 数据测度了 41 个不同国家的上游度发现，从上游度视角看中国的产业结构仍然处于 GVC 比较低端的水平。

从微观维度来看，主要使用企业调研数据来测度 GVC 分工位置，如 Dedrick 等（2010）、Atalay 等（2014）、Bernard 等（2007）、Bernard 等（2018）、Antràs 等（2017）和 Lu（2017）等均是利用企业层面数据进行的分析研究。进一步地，还有学者采取宏微观结合的方法测度 GVC 分工位置。表面上宏观和微观两种测度 GVC 分工位置的方法几乎是平行推进的，二者方向一致且似乎没有交集，其实两种测度方法之间是一种互相促进的关系。微观测度方法可以完善宏观投入产出的测度方法，与之对应，宏观投入产出测度方法可以强化微观测度方法。投入产出表并不能提供企业层面进口的具体情况，这些数据层面的不足可以由微观企业层面的数据进行补充，比如海关数据库和工业企业数据库，两者结合可以有效提高测度 GVC 分工位置的准确度。实际上，Chor 等（2014）在估算企业层面 GVC 分工位置时，先利用宏观层面的全球投入产出模型的测算数据计算出行业

GVC 分工位置，一定程度上体现了微观和宏观测度的融合。这也是未来 GVC 测度的一个重要研究方向。

2.1.1.3 GVC 长度

对 GVC 长度的测算是衡量企业 GVC 地位的另一种方法。GVC 长度测度分为 GVC 平均长度（APL）和 GVC 总长度（TPL）两种，Dietzenbacher 等（2005）、Dietzenbacher 和 Romero（2007）最先提出 GVC 行业总长度的概念。随着长度概念的不断发展，Wang 等（2017b）又构建了 GVC 平均长度模型，将其定义为从最初投入（原材料、技术研发等）到最终消费的平均生产阶段数，采用总产出除以其引致的增加值来计算。国内学者采用以上方法对中国行业进行了测算，认为中国 GVC 长度随着加入 WTO 迅速增加，但金融危机时期 GVC 长度呈现短暂下降（倪红福等，2016）。

2.1.2 GVC 分工位置的决定因素

国内外研究对 GVC 分工位置影响因素的研究，主要涉及内在特征（要素禀赋和技术水平）和外在环境等层面（贸易成本、制度环境、外商投资和金融市场等）。

2.1.2.1 要素禀赋

在 H-O 等理论为基础的传统贸易框架中，要素禀赋是决定国际贸易结构的关键因素。技术丰裕的国家在生产技术密集型产品方面具有优势；拥有大量可耕种土地或自然资源的国家，预期也会专门从事初级产品的出口。在 GVC 嵌入中，要素禀赋在形成生产专业化方面发挥着重要作用，影响国家在 GVC 中的位置。一般而言，研发技术高或自然资源丰富的国家，嵌入 GVC 分工位置就高，因为研发或自然资源到最终消费通常需要跨越几个生产边界以及各种下游生产环节。同样地，物质资本充裕的国家会嵌入 GVC 上游阶段进行专业化生产。Antràs 等（2012）根据美国行业数据发现，美国制造业的上游产业多为资本密集和技能劳动密集行业。GVC 分工的实质是产品生产过程中，不同要素密集性质的各个环节之间的分工（Deardorff，2001），Fujita 和 Thisse（2006）与马风涛（2015）表明国家间要素禀赋差异是 GVC 分工的决定性因素，高端要素丰富的国家往往位于 GVC 分工的高端环节，依靠初级要素的国家往往处于分工低端环节（倪红福等，2016）。因此世界各国不断致力于实现产业升级，改变要素禀赋，从而提升在 GVC 分工体系的地位。

2.1.2.2 技术水平

技术水平是提升中国 GVC 分工位置的核心要素（汤碧，2012）。何宇等

（2020）使用多阶段全球价值链生产模型分析，对 16 个主要经济体进行分析后发现，技术水平会影响各国的 GVC 阶段，技术水平高的国家更可能专业化于 GVC 上游阶段，也表明技术水平会影响各国位于全球价值链的阶段；郑江淮和郑玉（2020）表明中间产品创新对全球价值链攀升有显著的促进作用，且这种作用存在滞后效应和累积效应，改善全球价值链位置，可以通过提升技术水平和全要素生产率（肖宇等，2019；黄蕙萍等，2020）。提升技术创新水平是实现要素驱动向创新驱动转变、改变低端锁定现象的关键（盛斌和景光正，2019）。陈晓华和刘慧（2016）等则认为，技术复杂度提升对一国制造业上游度的作用力呈现倒“U”型。提升技术创新水平也是实现要素驱动向创新驱动转变、改变“低端锁定”现象的关键（Sturgeon 和 Kawakami，2011）。技术进步塑造全球价值链的地理构成，是影响 GVC 的主要宏观因素之一，知识的吸收转换能力强的供应商，最终会提高在 GVC 分工中的地位（Maccarthy 等，2016；Khan 等，2019）。

2.1.2.3　贸易成本

贸易成本对 GVC 中不同环节的贸易流动产生的负面影响。传统贸易中贸易成本增加了进口商品的价格，对于 GVC 而言还增加了进口中间投入的成本，从而进一步抑制 GVC 参与程度。贸易成本不仅影响各国 GVC 参与度，而且对各国在 GVC 中的嵌入位置产生重大影响。Antràs 和 Gortari（2020）的研究结果表明，成本沿价值链分工方向累积，将导致距离消费市场远的国家专注于上游阶段，而更多的消费中心国家专注于下游阶段且贸易成本对 GVC 嵌入位置的影响大于对 GVC 嵌入度的影响。王孝松等（2017）通过分解中国总贸易流量后发现，反倾销会使相关行业总出口的国内增加值率降低 4.5%～28.7%，同时国外反倾销措施对中国各行业参与 GVC 及其地位的上升产生了显著的负面影响。刘斌和赵晓斐（2020）构建一般均衡模型，使用世界投入产出表分析认为制造业投入服务化和服务贸易壁垒的交互作用显著放缓全球价值链分工进程。以中国贸易自由化为例，关税下降之后，出口国内增加值率出现显著提升（魏悦羚和张洪胜，2019；毛其淋和许家云，2019）。Aichele 和 Heiland（2018）表明，贸易成本变化能够在一定程度上解释 2000～2007 年世界国内增加值比率下降的原因。基于同样的原因，诸如贸易壁垒等增加贸易成本的因素，会对 GVC 分工地位的攀升产生显著的负面影响（Ghodsi 和 Stehrer，2016）。同样地，吕越等（2019）支持中美贸易摩擦直接导致中美双边贸易额下降，对 GVC 产生负面冲击；反之，诸如贸易自由化等减少贸易成本的因素，则可促进 GVC 的分工地位（Hummels 等，2001），吕越和李美玉（2020）采用 2006～2014 年 42 个国家的双边贸易数据研究发现，贸易便利化水平的提高会显著促进各国在 GVC 中嵌入度的提升，贸易便利化会通过提高对外开放度、扩大国内市场规模来促进一国参与 GVC 分工。

2.1.2.4 制度环境

制度环境对 GVC 分工位置的影响并不一致。以 Antràs 等（2012）为代表的学者表明，制度环境的改善与熟练劳动力的增加会低端锁定制造业的产业价值链，不利于 GVC 分工位置的提升；其中，Antràs 等（2012）以上游度指数衡量美国和其他 OECD 国家的价值链位置，表明制度环境的改善以及熟练劳动力的增加使制造业产业价值链低端锁定。Pietrobelli（2008）也认为，政府出台的政策是影响 GVC 参与的重要因素，不合理的制度会抑制企业从创新中获利，阻碍供应商在 GVC 环节的升级（Buckley 和 Tian，2017）。但对中国的研究却得到相反结论，人才与技术和制度之间的适宜性匹配对中国制造业 GVC 分工位置攀升起到重要作用（戴翔和刘梦，2018）。刘玉海等（2020）以 2009 年实施的增值税改革为冲击，采用双重差分法实证分析发现税收激励显著提高了企业出口的国内附加值率。郑丹青和于津平（2014）肯定了政府补贴对企业出口增加值率的促进作用。张鹏杨等（2019）以主导产业扶持政策作为冲击，实证发现产业政策不利于中国出口企业全球价值链的升级。

2.1.2.5 外商投资

张鹏杨和唐宜红（2018）认为，FDI 推动企业全球价值链升级，带来中国出口企业 GVC 分工位置和出口国内附加值率的提高。张杰等（2013）、毛其淋和许家云（2018）也得到外资提高本土企业出口升级的类似结论。外商投资可以通过技术外溢或者增加对上游企业原材料的需求和下游企业国内中间品的需求，来实现 GVC 的参与和升级（Kandogan，2003；Kee 和 Tang，2016；李磊等，2017；罗伟和吕越，2019）。从企业内部自身的内在特征出发，企业的对外投资行为能够显著促进企业在 GVC 中的分工地位（刘斌等，2015）。

2.1.2.6 金融市场

伴随着一国 GVC 分工地位的提升，金融市场的影响愈加重要，拥有发达金融市场、融资成本较低的国家会掌控更多的高附加值生产环节（Berman 和 Hericourt，2010）。盛斌和景光正（2019）的研究也表明，市场主导型金融结构、契约环境的改善显著促进了一国全球价值链地位的攀升，且伴随着一国全球价值链分工地位的提升，金融市场的影响愈加重要。融资约束也会影响企业在 GVC 体系中的分工地位（Dallas，2015；沈鸿和向训勇，2020），且具有双向性（闵剑和刘忆，2019）。企业面临的融资约束少更有利于在全球价值链环节中提升地位（Manova 和 Yu，2012；吕越等，2015；马述忠等，2017）。吕越等（2017）进一步发现，融资约束既会抑制增加值贸易的扩展边际，又会促进增加值贸易的集约边际。

2.1.2.7 空间结构

空间结构是影响 GVC 的重要因素（陈秀英和刘胜，2020）。王振国等（2019）使用全球区域间投入产出表（OECD-ICIO）发现中国制造业的贸易方式主要受区内外中间品供给效应变化引起。陈旭等（2019）从多中心结构视角研究了区域空间结构对中国制造业 GVC 分工位置的影响，并表明多中心结构对中国 GVC 分工位置的影响为“U”型，当前中国大约有 1/3 省份的全球价值链地位已经位于“U”型的右侧上升部分。Audretsch 等（2013）表明一定空间区域内的企业聚集有助于产生规模报酬递增效应和技术溢出效应，促进行业 GVC 分工位置提升。刘奕等（2017）对中国生产性服务业层面分析，也表明了空间集聚能够推动中国制造业全球价值链地位提升。

2.1.2.8 其他因素

当从国家层面和行业层面转向企业层面时，所有制和企业规模等因素也会影响企业在 GVC 体系中的分工地位（Manova 和 Yu，2012；Chor 等，2014）。肖宇等（2019）表明外资企业对中国制造业企业全球价值链位置攀升作用更明显。吕越等（2017）研究中国企业参与 GVC 的持续时间及其决定因素发现，企业所有制影响企业参与 GVC 的时间和嵌入能力。吕越等（2020）研究表明，人工智能通过替代从事低端环节生产的劳动力来降低企业成本和提高企业的生产率两个渠道促进中国企业参与 GVC 分工。

2.1.3 GVC 企业的分工模式

剖析 GVC 内部企业间关系的文献非常匮乏，由于本书研究了 GVC 企业间汇率传递效应和汇率溢出效应，因此有必要对涉及 GVC 内部企业间关系的相关文献进行综述。虽然 GVC 企业间关系的研究比较少，但关于 GVC 企业间治理模式的讨论却十分丰富，值得借鉴。

GVC 治理模式超越了简单的贸易和外包概念，强调企业特定的协调和合作战略，通过这些关系网络来构建、管理和维持，以及网络在特定领域的地理范围。所涉及的公司经常形成复杂的分子间公司间网络（而不是线性链）。GVC 是企业间相互关联和运作的纽带，商品和服务通过 GVC 在全球范围内进行生产、分配和消费等一系列活动（Coe 等，2004；Coe 等，2019），关于 GVC 结构治理的文献层出不穷（Buckley，2009a；Buckley，2009b；Buckley，2011；Buckley，2014；Buckley 等，2019；Gereffi，2019）。GVC 治理结构的研究最早聚焦于劳动密集型和技术密集型行业之间的治理模式（Bair，2005；Gereffi，2018；Gereffi 和 Lee，2012）。随着 GVC 分工的发展，GVC 治理模式按照基于买方（零售商和品牌公司）或生产商（原始设备制造商）研究企业在 GVC 中作为国际供应商和服务提供商时的权力和控制能力，分为买方驱动型 GVC 和生产者驱动型 GVC。Gibbon（2008）进一步提出三种 GVC 治理模型：以驱动模式划分的治理模式、以协调模式划分的治理模式和以标准模式化划分的治理模式。Daniel 等（2009）和 Henderson 等（2002）强调 GVC 中企业间关系的关键在于，没有直接所有权的情况下实现在全球范围内进行协调和控制复杂的生产系统。为了将这种企业间关系的复杂性理论化，Gereffi 等（2005）通过交易的复杂性、交易的可执行性和供应能力三个变量构建了 GVC 治理模式，确定了 GVC 治理的五种类型。除了市场型和等级型之外，还区分了依赖于中间环节协调和控制的模块型、关系型和领导型治理模式，并通过四个简洁的产业案例（服装、自行车、园艺和电子产品）强调了 GVC 内部企业之间的不对称性地位。尽管 GVC 治理模式分类标准具有很高的影响力，但存在低估企业内部和外部动态变化影响的局限性。基于此，Gibbon 等（2008）和 Ponte（2008）进一步拓展了理论研究，从更广泛和标准化的视角考察加入动态影响因素后的 GVC 治理模式，深入考察动态影响因素对不同 GVC 治理模式的影响（Coe 和 Yeung，2016；Fuller 和 Phelps，2018）。GVC 代表了一种独特的企业间关系，只有与其他现实世界的替代方案（如垂直整合或市场收缩）相比，具有更高的效率时，它才有可能出现并蓬勃发展（Gereffi，1994；Hennart，1993；Hennart，1994；Hennart，2009）。

另外，根据 GVC 分工模式和治理结构的差异，GVC 内部企业之间的关系主要分为“蛛网型”和“蛇型”两大类，其中“蛇型”表示生产序列由管理者决定（Baldwin 和 Gonzalez，2013），“蛛网型”表示将全球企业网络分解为子网络的过程（Ferdows 等，2016）。蛛网型中一个零部件最多跨越国界两次，摩擦降低时，贸易收益单调增加。蛇型中生产环节可分解且具有一定的顺序性，那么 GVC 分工中的企业存在上下游关系，同时上游企业会对下游企业产生影响。

同样地，GVC 上游的产业政策无疑会对下游产业产生影响，产业政策包括生产补贴、出口补贴、进口保护等。Blonigen（2016）研究发现，上游产业政策会对下游产业产生显著影响，尤其是上游产业生产的产品是下游部门重要投入品时，采用 1975~2000 年大多数钢铁生产国家的产业政策数据研究了钢铁产业政策是否对国家其他制造业的出口竞争力产生影响，结果表明，钢铁产业政策 1% 的偏离将会导致下游制造业出口竞争力下降 3.6%。这种影响在使用钢铁作为中间投入品更为密集的产业高达 50%。这种产业政策的消极影响基本由出口补贴、非关税壁垒导致，随着参与 GVC 越来越深入，作用于上游产业的产业政策将会对下游产业产生更加显著的影响。Bown 等（2020）构建了一个基于 Ossa（2015）的简单量化模型，识别了引起级联贸易保护的重要因素和它们之间的相互作用，通过应用详细的投入产出表，识别美国贸易壁垒的投入产出关系，发现 1988~2013 年，对 GVC 进口投入品的限制措施会增加下游使用者提出贸易救济请求，GVC 贸易保护会导致额外的福利损失。Diakantoni 等（2017）采用 2011 年增加值数据研究了贸易成本对企业和部门的融资影响，明确提出 GVC 中存在成本累积，贸易成本在经过多层生产环节时被放大，这种所谓的“层级效应”使贸易成本累积。当中间品被进口，又被出口到下游，通过不同的加工环节直至到达最终消费者，所有厂商在连续的生产环节中获得一部分增加值，现在则必须在总成本中再加上相应的贸易成本。这种附加在商业利润之上的相对较重的交易支出解释了为什么 GVC 贸易更容易受到贸易成本的影响，而且在 GVC 的基本环节中，这些贸易成本的金融影响也被放大了。非关税贸易壁垒效应同样会在 GVC 上被累积，意味着 GVC 生产体系下的扭曲效应要大于简单生产过程（Ferrantino，2012）。Antràs 等（2006）在 Antràs 和 Helpman（2004）研究的基础上加入贸易摩擦，也强调了贸易成本的重要作用。GVC 内部上下游企业之间的关系具有多面性，因此往往比国内价值链涉及的关系要敏感（Pietrobelli 等，2008）。

2.2 出口汇率弹性的影响因素

从不同角度对影响出口汇率弹性的因素进行分析的文献与本书密切相关，下面我们从宏观国家层面、微观企业异质性和产品差异性层面对影响出口汇率弹性的因素进行综述。

2.2.1 国家层面的影响因素

学者们从宏观层面出发，分析了通货膨胀环境、对外开放程度、经济总量等因素对出口汇率弹性的影响（Campa 和 Minguez，2006；Mallick 和 Marques，

2012）。同时，一些外部政策与出口汇率弹性也存在千丝万缕的关系，譬如汇率改革、各地提升最低工资标准等都会进一步影响汇率与出口的关系。在估计出口汇率弹性的过程中，也需要重视外部经济政策的影响。本书主要关注企业层面出口汇率的异质性，那么我们下面重点从企业和产品两大微观层面综述影响出口汇率弹性的因素。

2.2.2 企业层面的影响因素

出口对汇率变动的异质性反应一直是学术界和政策界关注的焦点，围绕汇率变动对不同出口企业的影响，国内外学者从企业异质性视角出发，从以下四方面进行了相关研究。

2.2.2.1 企业生产率的影响

生产率高的企业，一般而言拥有更强的定价权和更高的成本加成（毛其淋和许家云，2017）。当面临汇率变动时，出口企业通过调整成本加成重新定价，从而改变汇率变动对出口价格和出口量的影响，进而改变出口价格和出口量汇率弹性（Berman 等，2012）。在分析企业生产率的影响方面，Bernard 等（2015）研究表明，不完全竞争理论模型背景下，生产率较高的企业一般具有成本优势，进而可以获得更高的企业成本加成（盛斌和陈帅，2017）。Melitz 和 Ottaviano（2008）模型是一个线性关系，假设需求为一个常数替代弹性函数，生产率高的企业可以进行更多的企业成本加成调整，从而应对汇率变化。Atsuyuki（2016）进一步对 Melitz 和 Ottaviano（2008）所提出的理论进行实证检验后，再次证明了生产率高的企业其企业成本加成也越大这一结论。Flodn 和 Wilander（2004）研究发现西班牙企业利用 TFP 差异对企业成本加成率调整，从而减轻汇率的影响。Loecker 和 Warzynski（2009）利用斯洛文尼亚的企业数据，研究了出口状态与企业成本加成率之间的关系，结果表明，出口企业具有更高的企业成本加成，弱化了汇率变化对出口的影响。Hellerstein（2004）在区分零售和批发制造业数据的基础上，利用企业成本加成率调整汇率影响。

2.2.2.2 企业中间品进口强度的影响

在全球化的生产分工中，出口商往往也是进口商（张会清和翟孝强，2019）。货币敞口的对冲作用明显弱化汇率传递性，进口强度越高的企业，其出口价格的汇率弹性越大（Fatum 等，2018；季克佳和张明志，2018）。在分析进口中间投入品占比的影响方面，Greenaway 等（2010）基于英国制造业企业数据分析认为，中间品投入占比提高，降低出口汇率弹性。Berman 等（2012）基于法国企业数据证明了中间品投入提高会降低出口汇率弹性。Fauceglia 等（2018）研究发现，企业中间品占比提高可以降低出口汇率弹性。Amiti 等（2014）证实了进口中间要素比例确实可以影响比利时企业出口价格弹性。通过国内外投入品占比来降低汇率变动的影响，进而稳定出口价格。

2.2.2.3 企业出口市场份额的影响

拥有较大市场份额的企业在古诺竞争下具有调整出口价格的优势，进而出口价格的汇率弹性大（Garetto，2012）。Atkeson 和 Burstein（2008）认为，在市场中的占比较高的企业一般具有一定的市场话语权和定价权，有能力获得高的企业成本加成，从而更好地应对汇率变动对出口价格的影响。

2.2.2.4 贸易方式的影响

中国加工贸易在进出口方面可以享受退税补贴等优惠政策，拥有更大的调价空间，从而其出口价格的汇率弹性大于一般贸易企业，出口量的汇率弹性低于一般贸易企业（宋超和谢一青，2017）。

从已有文献的研究结果可以发现，企业在生产率、中间进口品强度、出口市场份额和贸易方式方面的异质性会导致其在面临汇率冲击时呈现出不同的调价倾向，进而产生出口汇率弹性差异。

2.2.3 产品层面的影响因素

从产品层面研究出口对汇率反应的文献并不丰富，已有文献主要包括产品质量、市场份额、产品核心程度和分销成本等方面。

2.2.3.1 产品质量

Antoniades 和 Zaniboni（2016）发现产品质量差异决定了产品异质性对出口汇率弹性的影响。Auer 等（2014）、Chen 和 Juvenal（2016）均认为，产品质量会显著影响定价和企业出口汇率传递性，即出口价格的汇率弹性与出口量的汇率弹性均随着产品质量的上升而下降。对此，国内外学者纷纷支持这一观点，得出了相似的结论。例如，Feenstra 等（2014）、Dvir 和 Strasser（2018）发现，产品质量对产品定价产生重要影响；樊海潮与郭光远（2015）也发现，出口品质量与出口价格之间存在很强关联，具体来说，提升产品质量可以提高产品的出口价格汇率弹性（王雅琦等，2015）。在质量异质贸易模型中，高质量产品拥有更小的替代弹性和更高的成本加成（Antoniades，2015；Basile 等，2012），当汇率变动时，高质量产品能够更大程度调整其成本加成从而减缓汇率冲击（Natalie 和 Luciana，2013）。韩剑等（2017）国内学者基于中国出口数据也同样发现，产品质量提升会降低汇率传递效应。

2.2.3.2 市场份额

Amiti 等（2014）研究表明，出口国市场占比高的产品其汇率传递率低，从而导致出口价格的汇率弹性较高。Atkeson 和 Burstein（2008）构建了 CES 需求函数下的古诺竞争模型，该模型强调了市场份额对于出口汇率弹性的影响。模型中假设存在一个不同行业间的产品替代弹性，从替代弹性的角度指出替代弹性与市场份额相关，拥有较大市场份额的产品在古诺竞争下具有调整出口汇率弹性的优势。

2.2.3.3 产品核心程度

易靖韬等（2019）认为产品在企业中的地位越核心汇率传递率越低，进而出口价格的汇率弹性越高。由此可见，随着产品内 GVC 分工体系的出现，势必会对出口产品质量、市场占有率、产品核心度等产品特征产生影响，进而影响企业出口汇率弹性。

2.2.3.4 分销成本

Burstein 等（2000）在产品分销成本方面研究发现，分销成本在价格中的占比非常高（在美国进口零售价格中占比 40%、在阿根廷进口零售价格中占比 60%以上），从而影响价格对汇率的敏感度。Corsetti 等（2008）研究发现，本地分销成本占比显著影响产品的出口汇率弹性；在此基础上，Gopinath 和 Burstein（2014）进一步计算了分销成本，并探讨了其对出口汇率弹性的影响。

2.3 GVC 与出口汇率弹性之间的关系

2.3.1 嵌入 GVC 与否对出口汇率弹性的影响

无论是双边贸易还是多边贸易均表明，加入 GVC 与全程本国制造的贸易流不同，汇率变动对进口中间品与出口影响的对冲效应会使 GVC 分工下的贸易价格或贸易流对汇率变动的反应有所钝化。从双边贸易视角看，跨境生产合作规模扩张会导致进出口对汇率的敏感度下降（Arndt 等，2007）；从多边贸易视角看，全球化的多边贸易活动显著弱化了汇率对出口的影响（Amiti 等，2014）。若出口商所生产产品的全部边际成本均以出口商的本国货币计价，当进口其他国家的中间投入品时，这些成本并未以出口商的本国货币计价，那么出口商的边际生产成本将仅部分承受其货币价值的波动。当前国际贸易的实际情况是，既需要考虑每个相关国家对出口国边际成本的影响，也需要考虑在同一目的地市场上其他国家边际成本的变动情况。例如，人民币升值将影响中国出口企业的边际成本，该影响程度取决于其出口产品中国内投入品的份额，但同时也会影响使用中国产品作为中间投入品的其他出口商的边际成本。此外，Ahmed 等（2015）发现，OECD 国家参与 GVC 后，出口汇率弹性平均降低 22%，最高可降低 30%。Boz 等（2017）基于美国的研究发现，加入 GVC 后订单贸易的增加降低了美元在贸易中作用，降低了出口汇率弹性。

汇率变动带来很多不确定性，但 GVC 分工中的利益关联使得 GVC 在面临不确定性时，实现经济“大稳健”的作用（Bems 等，2011；杨继军和范从来，2015），唐宜红和张鹏杨（2020）从平抑经济波动视角考察 GVC 的作用。GVC 分工体系形成上下游关联共同体，从而具有抑制汇率变动“稳定器”的作用（Crespo 和 Jansen，2014）。GVC 对不同经济主体的抑制不确定性具有异质性，GVC 分工体系明显抑制发达国家的经济不确定性，加剧了发展中国家的经济变动（张少军和刘志彪，2013）。

2.3.2 嵌入 GVC 程度对出口汇率弹性的影响

2.3.2.1 后向嵌入 GVC 程度对出口汇率弹性的影响

GVC 背景下研究汇率与出口关系的文献一般从投入视角出发，关注 GVC 后向关联影响机制，强调进口中间品引致的货币敞口对冲作用。Ahmed（2009）发现，若因本国货币升值（贬值）引起出口价格抬升（降低）导致需求变动，那么本国货币升值（贬值）也降低（提高）了中间投入进口的价格，出口商能够承受更多的升值（贬值）成本以部分抵消货币升值（贬值）所导致的需求变动。David 和 Richard（2010）、Berman 等（2012）分别研究了英国和法国企业的出口情况，结果也证实，中间品进口占比较高的企业其出口贸易所受汇率变动的冲击明显较小。与此同时，Amiti 等（2014）从出口商同时也是进口商的角度对进出口之间存在对冲效应进行了阐述说明。Fauceglia 等（2018）基于瑞士数据实证检验了 GVC 嵌入度对出口的影响，认为 GVC 后向关联程度越高，出口汇率弹性越小，从而减缓汇率变动对出口的影响。Uddin（2016）则发现，GVC 对于出口汇率弹性的影响具有明显的行业特征。此外，还有学者指出，GVC 嵌入会降低汇率传递效应，且降低程度随着 GVC 嵌入度提高而进一步加大（Ollivaud 等，2015；沈国兵和黄铄珺，2017）。国内研究汇率传递效应和出口弹性的部分文献也注意到GVC因素的影响。向训勇等（2016）从微观视角考察了中间品进口对人民币汇率与中国出口关系的影响，支持了中间品进口弱化出口汇率弹性的观点。韩剑等（2017）的研究也得到了类似的结论，即融入GVC弱化了一国货币贬值对出口的促进作用。

2.3.2.2 前向嵌入GVC程度对出口汇率弹性的影响

在跨国生产中汇率对出口影响应该从投入和产出两个方面加以考虑（Ahmed等，2015），基于产出视角研究汇率与出口关系的文献一般将出口商品分为最终品和中间品（Bergin和Feenstra，2009）。认为忽略GVC的生产模式和出口构成，直接将所有出口品均视为最终品的研究可能使得出口汇率弹性被低估或歪曲（Backer和Yamano，2012；Powers和Riker，2013）。由此，本书将产出视角的相关文献总结如下：Soyres等（2018）研究了GVC前向嵌入对出口汇率弹性的影响，发现GVC嵌入度降低了出口汇率弹性。Saxegaard和Hong（2016）以新加坡为例，发现参与GVC增加了出口复杂度，从而对出口汇率弹性产生影响。Imbs和Mejean（2017）通过跨国数据研究发现，生产和消费的专业化程度提高可以影响出口汇率弹性。除此之外，一些学者基于GVC前向视角重新测度了出口中的实际汇率因素，Bems和Johnson（2017）基于WIOD国家数据，针对传统实际有效汇率测算的缺陷，对GVC实际有效汇率进行了详细探讨，为双边实际有效汇率提供了新理论基础，倪红福（2018）基于这一思想计算了从2005年汇率改革到2009年期间中国GVC分行业出口实际有效汇率，表明中国GVC双边分行业出口实际有效汇率明显低于传统汇率。Patel等（2019）将这一测度方式继续延伸到40个国家，并基于GVC前向嵌入度和行业异质性重新计算了GVC分行业出口实际有效汇率。

2.4 现有文献的总结与评述

本章以GVC分工位置为切入点，对影响出口汇率弹性的因素以及GVC与出口汇率弹性的关系进行了梳理和详细讨论。首先，详细介绍了GVC相关指标的测度方法以及影响GVC分工位置的因素，同时对国内外学者利用GVC不同测度方法获得的研究结论加以整理，为后面的GVC分工位置计算打下文献基础。其次，对出口汇率弹性的影响因素进行综述，分别基于企业层面（企业生产率、中间进口品强度、出口市场份额和贸易方式）、产品层面（产品质量、市场份额、产品核心度和分销成本）以及国家层面（GDP、通货膨胀、对外开放度）总结了影响出口汇率弹性的因素，通过梳理文献获得了本书所需要的控制变量和作用机制。最后，从GVC嵌入与否和GVC嵌入程度两个方面梳理了GVC与出口汇率弹性的相关文献。

总体来看，GVC与出口汇率弹性之间关系的研究是循序渐进的，从一开始关注GVC嵌入与否对出口汇率弹性的影响（包括双边贸易嵌入和多边贸易嵌入两个层面），到研究GVC嵌入程度对出口汇率弹性的影响，学者们基于GVC嵌入方向的不同，从GVC前向嵌入和GVC后向嵌入两个维度分别研究了对出口汇率弹性的影响。遵循上述规律，接下来理应关注GVC分工位置对出口汇率弹性的影响。但已有研究表明，从GVC分工位置视角审视出口汇率问题尚属研究空白。伴随着GVC分工位置的研究逐步成为研究热点，GVC分工位置与出口汇率弹性将成为未来研究中颇具活力的新课题。本书正是在此背景下，通过对已有文献的梳理发现，目前关于GVC分工位置与出口汇率弹性相关研究存在以下不足，为本书的研究指出了可拓展的空间。

首先，GVC与出口汇率弹性的研究存在可拓展空间。目前针对GVC与出口汇率弹性的文献还仅仅局限于研究两者关系的单一思路，其局限表现在：其一，已有文献仅仅停留在GVC嵌入与否和GVC嵌入程度对出口汇率弹性的影响，未考虑GVC分工位置的影响；在GVC分工体系中，与GVC嵌入与否和GVC嵌入程度相比GVC分工位置中更能体现企业异质性，因此从GVC分工位置视角审视出口汇率问题为本书研究指明了方向。其二，未考虑GVC内部企业间分工模式，也没有分析汇率如何在GVC不同分工环节间传递。其三，未考虑面对外部汇率冲击，GVC内部企业间如何抱团应对和出口龙头企业对行业出口的引领性作用。即未充分考虑目前中国企业同时嵌入产业集群和GVC的“双重嵌入”模式对出口汇率弹性的影响。

其次，测度指标的微观基础有待完善。目前的文献大多从国家、行业层面出发，缺乏对企业层面的探讨研究。企业是参与到贸易、国际分工当中的真正执行者，应更加注重企业的主体地位。研究微观企业的GVC分工位置和出口汇率弹性的关系能够更直接、更真实地反映出其中蕴含的变化趋势和规律。此外，基于产品层面对出口汇率弹性进行测度可以有效避免中观和宏观数据的统计口径不一致、数据不连续等问题，有利于实证研究的有效性。本书结合宏观中国细分投入产出表与微观企业数据，采用Antràs等（2012）和Chor等（2014）的方法测度中国2000~2013年企业GVC分工位置，以完善现有文献对微观层面研究的不足。

最后，鲜少探究GVC影响出口汇率弹性的作用机制。影响出口汇率弹性的因素很多，既有国家层面的，也有企业和产品层面的。随着GVC的不断发展，中国企业嵌入GVC的分工位置不断攀升，企业GVC分工位置已经成为新的企业异质性视角，同时企业GVC分工位置必然会对企业利润、企业生产率以及企业技术水平等产生影响，进而影响出口汇率弹性。遗憾的是从已有文献来看，关于该方面的研究尚且匮乏。为此本书研究GVC分工位置对出口汇率弹性时，重点从企业异质性层面具体分析了其作用机制。

第 3 章　GVC 分工位置影响出口汇率弹性的理论框架

本章理论框架主要包括三个部分：GVC 分工位置与出口汇率弹性、上游企业对下游企业的汇率传导效应以及龙头企业对非龙头企业的汇率溢出效应，具体如下：首先，基于拓展 BMM 模型构建 GVC 分工位置和出口汇率弹性模型；同时推导 GVC 分工位置影响出口汇率弹性的作用机制。其次，基于拓展 Johnson（2018）模型和 GVC“溢出效应”和“瀑布效应”构建 GVC 上游企业对下游企业的出口汇率弹性传递效应理论模型。最后，结合 Antràs 和 Gortari（2020）龙头企业模型、异质性禀赋匹配模型以及 Alfaro 等（2019）最优生产边界模型梳理出龙头企业会通过生产率溢出效应、成本降低效应和价值链延长效应影响非龙头企业的出口汇率弹性，从而为经验研究提供理论基础。

3.1　GVC 分工位置影响出口汇率弹性的基础模型

3.1.1　基本假设与模型建立

假设市场为垄断竞争，每个企业只生产一种产品，φ 是个体企业的生产率，那么每一个 φ 实际上对应一种产品。并且，双边贸易汇率变动对于企业定价而言是外生变量，一个国家出口到 N 个国家，国家 i 的代表性消费者具有种类偏好：

$$U=\left[\int_{\Omega}\left[q_i(\varphi)\right]^{\frac{\sigma-1}{\sigma}}d\varphi\right]^{\frac{\sigma}{\sigma-1}} \qquad (式 3.1)$$

其中，Ω 表示 i 国消费者对所有产品的消费集合，这些产品在一定程度上可以互相替代，其替代弹性 $\sigma>1$，q_i（φ）为消费者对该产品的需求量。

假设出口商品的离岸价格（以本国货币计价）为 p_i，到岸价格（以目的地国货币计价）为 p_i^c。决定两者差异的主要因素有双边名义汇率 ε_i（直接标价法下）、冰山成本τ_i>1以及在目的地i国的分销成本ηw_i（w_i是i国的工资水平）。到岸价格可以具体地表达为：

$$p_i^c \equiv \frac{p_i \tau_i}{\varepsilon_i} + \eta_i w_i \qquad \text{（式3.2）}$$

同时求出离岸价格：

$$p_i = \frac{p_i^c \varepsilon_i}{\tau_i} - \frac{\eta_i w_i \varepsilon_i}{\tau_i} \qquad \text{（式3.3）}$$

目的地i国对商品的需求量q_i可以表示为：

$$q_i = Y_i P_i^{\sigma-1} [p_i^c]^{-\sigma} = Y_i P_i^{\sigma-1} \left[\frac{p_i \tau}{\varepsilon_i} + \eta_i w_i\right]^{-\sigma} \qquad \text{（式3.4）}$$

其中，Y_i是目的地i国的国民收入，P是i国的物价水平。

考虑到GVC嵌入分工位置与企业的资源禀赋有关（Antràs等，2017），故将GVC分工位置（企业上游度）纳入模型。根据Ju和Yu（2015）基于中国数据的测算结果，上游度高的企业多为资本密集型，具有较高的初始资本。那么假定进入行业前企业间具有相同生产率，企业间的区别存在于初始资本的差别；而企业进入行业后生产率将发生变化，不再具有相同生产率；模型同时假定市场存在大量的潜在进入者。当企业进入不同行业j时，需要进行不同的初始投资f_j>0①；企业生产率参数φ服从g（φ）分布，g（φ）在（0，∞）区间上大于0，其连续累计分布为G（φ）。根据以上假定可以推导得到：

$$\bar{\pi}_j = f_j k(\varphi_j^*) \qquad \text{（式3.5）}$$

$$\bar{\pi}_j = \frac{\delta f_e}{1-G(\varphi_j^*)} \qquad \text{（式3.6）}$$

方程3.5为边界企业利润为0的情况，简称ZCP（Zero Cutoff Productivity）条件；方程3.6为企业自由进入的情况，简称FE（Free Entry）条件。式中，$k(\varphi_j^*)=[\bar{\varphi}(\varphi_j^*)/\varphi_j^*]^{\sigma-1}-1$；$\bar{\pi}$表示平均利润；$\varphi_j^*$为临界生产率；$\bar{\varphi}(\varphi_j^*)$表示所有企业的平均生产率，由边界生产率决定；$\delta$表示利润的贴现率；每个企业的固定成本$f_e$>0均相同，属于沉没成本。

ZCP和FE是两种不同情况下的企业平均利润与生产率的关系，均衡情况下的平均利润和临界生产率由FE和ZCF共同决定：在FE条件下，利润对生产率求导可得：

① 这里初始资本是指国内行业的进入成本，而非进入出口市场的固定成本；Melitz原模型中假设由投入的劳动力来衡量，而本书在此假设主要由投入的资本来衡量。

$$\frac{\partial \pi(\varphi_j)}{\partial \varphi_j}=\frac{\delta f_e g(\varphi_j)}{[1-G(\varphi_j^*)]^2} \quad （式 3.7）$$

由于$\delta>0$，$f_e>0$，$g(\varphi_j)$ 在（0，∞）大于 0，故在（φ，π）空间内 FE 曲线是递增的，只与 ZCP 曲线[①]相交一次，从而保证了唯一的均衡 φ_j^* 和$\bar{\pi}_j$。在其他条件既定的情况下，f_j 提高，ZCF 曲线会右移，如果曲线 FE 不变，会得到一个高的平均利润$\bar{\pi}_j$；但 ZCF 是临界企业利润为 0 情况下的曲线，因此一旦临界企业利润大于 0，由于存在大量潜在进入者，FE 曲线会右移，使得临界企业利润恢复到 0 的情况，最终得到一个更高均衡状态的 φ_j^* 和$\bar{\pi}_j$。

通过数学推导也可以证明，行业初始资本 f_j 越大，φ_j^* 随之提高。假设 f_j 提高到 f_x，（$f_x>f_j$）。则根据 Melitz（2003）中的推导可得：

$$\varphi_x^*=\varphi_j^*\left(\frac{f_x}{f_j}\right)^{\frac{1}{\sigma-1}} \quad （式 3.8）$$

式 3.8 表明，ZCF 条件下生产率 φ_x^* 是随着进入固定成本 f_x 的增大而提高。明显地，如果行业进入的固定成本高，则门槛效应明显，那么 φ_x^* 自然就会较大。与此同时，价值链上游的高门槛也限制了企业的自由进入，能够进入价值链上游的企业数量较少，形成一定程度的垄断。从动态来看，每一期新的进入企业数量为 M_e，成功进入的数量是 $P_{in}M_e$，恰好替代受负面冲击而退出的在位企业 δM（$P_{in}M_e=\delta M$）。企业数量保持不变，保证了上游企业的垄断度。

3.1.2 基于 GVC 分工位置的模型拓展

上述对 Melitz（2003）模型的拓展，强调了初始资本对生产率和垄断度的影响，表明上游度高的企业基于自身资源禀赋优势，拥有较高的初始资本，从而具有高生产率和高垄断度；因此上游度高的企业拥有更高的生产率（φgvc）。将之代入式 3.4，则企业出口到 i 国商品的生产成本可表示为：

$$c_i=\frac{wq_i\tau_i}{\varphi gvc}+F_i \quad （式 3.9）$$

其中，c_i 是生产率为 φgvc 的企业生产并出口 $q_i\tau_i$（离岸）单位产品到目的地 i 国的成本，其中 w 代表的是本国的工资水平，F_i 是企业出口到 i 国的固定成本。企业出口到 i 国面临的实际汇率为 $\theta_i=\frac{\varepsilon_i w_i}{w}$。

① ZCF 一般为减函数，Melitz（2003）附录中给出相关证明。

企业的利润函数为：

$$\pi_i = p_i q_i - c_i \tag{式 3.10}$$

将 p_i 的表达式 3.3 以及成本函数 c_i 的表达式 3.9 代入利润函数 3.10，则π_i 可以表述为 q_i 的函数：

$$\pi_i = \left(\frac{\left[\frac{q_i}{Y_i P_i^{\sigma-1}}\right]^{-\frac{1}{\sigma}} \varepsilon_i}{\tau_i} - \frac{\eta_i w_i \varepsilon_i}{\tau_i} \right) q_i(\varphi) - \left(\frac{w q_i \ \tau_i}{\varphi gvc} + F_i \right) \tag{式 3.11}$$

根据利润最大化原则，对利润函数关于 q_i 求一阶最优条件，同时将实际汇率 $\theta_i = \frac{\varepsilon_i w_i}{w}$代入，得到利润最大化条件下的需求量表达式为：

$$q_i = Y_i P_i^{\sigma-1} \left[\frac{\tau_i}{\varphi gvc \theta_i} + \eta_i \right]^{-\sigma} w_i^{-\sigma} \left(\frac{\sigma-1}{\sigma} \right)^{\sigma} \tag{式 3.12}$$

结合到岸价格和离岸价格的关系表达式 3.3，求出产品离岸价格为：

$$p_i = \frac{\sigma}{\sigma-1} \left(1 + \frac{\eta_i \theta_i \varphi gvc}{\sigma \ \tau_i} \right) \frac{w}{\varphi} \tag{式 3.13}$$

根据弹性定义，需求量对汇率求导可得：

$$E_q = \frac{dq_i}{d\theta_i} \frac{\theta_i}{q_i} = \frac{\sigma \ \tau_i}{\tau_i + \eta_i \varphi gvc \ \theta_i} \tag{式 3.14}$$

式 3.14 为出口量的汇率弹性方程。接下来，为了确定出口量的汇率弹性和企业上游度的关系，我们将出口量的汇率弹性（E_q）对企业上游度（gvc）求一阶导数：

$$\frac{\partial E_q}{\partial gvc} = (-1) \times \frac{\sigma \ \tau_i}{(\tau_i + \eta_i \varphi gvc \theta_i)^2} \times (\eta_i \varphi \theta_i) < 0 \tag{式 3.15}$$

从式 3.15 可以看出，企业上游度与出口量的汇率弹性负相关，说明企业出口量对于汇率变动敏感度随上游度的升高而降低；当汇率变动时，上游度高的企业对其出口数量调整幅度相对较小，保持了汇率变动下出口量的稳定性。根据以上分析，提出以下假设：

假设 1：在其他条件不变的情况下，GVC 分工位置越高，企业出口量的汇率弹性越小。

同样地，根据弹性定义，需求价格对汇率求导可得：

$$E_p = \frac{dp_i}{d\theta_i} \frac{\theta_i}{p_i} = \frac{\eta_i \varphi gvc \theta_i}{\sigma \ \tau_i + \eta_i \varphi gvc \theta_i} \tag{式 3.16}$$

式 3.16 为出口价格的汇率弹性方程。并且通过出口价格的汇率弹性（E_p）对企业上游度（gvc）求一阶导数可得：

$$\frac{\partial E_p}{\partial gvc}=\frac{\varphi\eta\theta_i}{\sigma\ \tau_i+\eta\varphi gvc\theta_i}+(-1)\times\frac{\eta\varphi gvc\theta_i}{(\sigma\ \tau_i+\eta\varphi gvc\theta_i)^2}\times\varphi\eta\theta_i=\frac{\varphi\eta\theta_i(\sigma\ \tau_i)}{(\sigma\ \tau_i+\eta_i\varphi gvc\theta_i)^2}>0$$

（式 3.17）

从式 3.17 可以看出，企业上游度与出口价格的汇率弹性正相关，说明企业上游度升高，其出口价格对汇率变动的敏感度随之升高；当本币贬值期间，上游度高的企业更倾向于提高出口价格，而非扩大出口数量；当本币升值期间，上游度高的企业能够更大程度降低其出口价格。基于此，本书提出：

假设 2：在其他条件不变的情况下，GVC 分工位置越高，企业出口价格的汇率弹性越大。

3.1.3 GVC 分工位置影响出口汇率弹性的作用机制

通过以上分析可以发现，GVC 分工位置是研究异质性企业出口汇率弹性差异的一个崭新视角，与此同时，企业生产率和企业垄断度分别代表行业内和行业间企业异质性的不同维度。接下来，我们基于这两大维度对 GVC 分工位置与出口汇率弹性之间的作用机制进行探讨。

3.1.3.1 企业生产率

从式 3.16 和式 3.14 可以看出，出口量的汇率弹性和出口价格的汇率弹性均与企业生产率有关，通过一阶求导可得：

$$\frac{\partial E_q}{\partial\varphi}=(-1)\times\frac{\sigma\ \tau_i}{(\tau_i+\eta_i\varphi gvc\theta_i)^2}\times(gvc\eta_i\theta_i)<0 \qquad \text{（式 3.18）}$$

$$\frac{\partial E_p}{\partial\varphi}=\frac{gvc\eta\theta_i(\sigma\ \tau_i)}{(\sigma\ \tau_i+\eta_i\varphi gvc\theta_i)^2}>0 \qquad \text{（式 3.19）}$$

从式 3.18 和式 3.19 可以看出，企业生产率提高，其出口价格的汇率弹性增大，出口量的汇率弹性减小。这一结论背后的基本经济学逻辑是，生产率是影响企业成本加成的一个重要因素（向训勇等，2016），高生产率的企业拥有更大的加成率，从而可以通过更大程度调整加成率应对汇率变动，保持出口相对稳定。

3.1.3.2 企业垄断度

同理，出口量的汇率弹性和出口价格的汇率弹性也均与产品替代弹性 σ 有关，通过一阶求导可得：

$$\frac{\partial E_q}{\partial\sigma}=\frac{\tau_i}{\tau_i+\eta_i\varphi_c gvc\theta_i}>0 \qquad \text{（式 3.20）}$$

$$\frac{\partial E_p}{\partial \sigma}=(-1)\times\frac{\eta\varphi gvc\theta_i}{(\sigma\ \tau_i+\eta\varphi gvc\theta_i)^2}\times\tau_i<0 \quad (式3.21)$$

由式3.20和式3.21可知，产品的替代弹性越小，出口价格的汇率弹性越大，出口量的汇率弹性越小。BMM模型中假设每个企业只生产一种产品，因此产品替代弹性即企业的替代弹性，企业替代弹性小意味着企业垄断度高。其背后的基本经济学逻辑是，产品的可替代性小，意味着产品需求量对价格变动不敏感，企业能够在稳定出口量的情况下更大范围调整其出口价格（Li等，2015）；同时，企业垄断相当于企业的一种隐性补贴（李胜旗和毛其淋，2017），这种隐性补贴给予企业更大的价格调整空间。

综上所述，上游度高的企业具有高生产率和高垄断度，同时生产率和垄断度均对出口汇率弹性有重要影响。基于此，本书提出：

假设3：企业生产率和企业垄断度是GVC分工位置影响出口汇率弹性的传导机制。

3.2 GVC上游企业对下游企业的汇率传递效应

为了进一步研究GVC分工位置与出口汇率弹性的关系，下面将研究视角扩展到GVC企业间分工模式，从上下游企业间汇率关系继续探究两者的关系。首先，基于拓展Johnson（2018）模型研究了GVC上下游企业与累积贸易成本的关系，即当最终产品的生产被分割在不同国家时，贸易成本中增加了中间投入品的购买价格；其次，额外的贸易成本反映为更高的销售价格，被转移到下一个生产过程；最后，企业GVC分工位置不同，其产品价格受“溢出效应”和“瀑布效应”的影响（倪红福等，2018），所隐含的贸易成本也不同，进而上下游企业存在出口汇率的传导效应。

3.2.1 上下游间的“溢出效应”

在GVC生产过程的跨境联系中，贸易成本会产生溢出效应，即上游的贸易成本会溢出到下游产品的成本中，形成上游贸易成本推动型影响机制。

在多国模型中，为简单起见，假定每个国家只生产一种产品，并且这种产品既可作为中间品，也可作为最终消费品。要素市场和中间品市场均为完全竞争市场，投入品由本国投入品和国外中间投入品组成。生产函数方程为柯布—道格拉斯生产函数（Cobb-Douglas），那么 i 国生产函数可以表示为：

$$q_i = A_i l_i^{1-\alpha_i} \prod_j z_{ji}^{\alpha_{ji}} \quad (式 3.22)$$

其中，$\sum_j \alpha_{ji} = \alpha_i$，代表总中间投入系数；$l_i$ 为要素投入；z_{ji} 为中间品投入量；a_{ji} 为直接消耗系数。

利用拉格朗日乘数法求最优化问题，可得到 i 国价格指数包括国内投入品成本和国外投入品价格两部分，具体方程为：

$$p_i = (p_i^v/(1-\alpha_i))^{1-\alpha_i} \prod_j (p_{ji}/\alpha_{ji})^{\alpha_{ji}} \quad (式 3.23)$$

其中，$p_i^v = w_i/A_i^{1/(1-\alpha_i)}$ 是来自 i 国国内增加值的价格，$p_{ji} = \tau_{ji} p_j$ 是 i 国家购买的 j 国家的中间投入品的购买价格（含贸易成本）。$\tau_{ji} = 1 + t_{ji}$，其中 t_{ji} 是从价的贸易成本系数（每单位价值所含的贸易成本）。将价格表达式经过对数形式和差分变换后，方程变为：

$$\Delta \ln p_i = (1-\alpha_i)\Delta \ln p_i^v + \sum_j \alpha_{ji}[\Delta \ln \tau_{ji} + \Delta \ln p_j] \quad (式 3.24)$$

进一步转换成矩阵形式可以表示为：

$$\Delta \ln p = [I-A']^{-1}[I-\hat{\alpha}]\Delta \ln p^v + [I-A']^{-1}[A' \circ \Delta \ln T']\iota \quad (式 3.25)$$

其中，p 和 p^v 分别为 $N \times 1$ 维价格向量，A 为 $N \times N$ 维投入产出矩阵，元素为 α_{ij}，$\hat{\alpha}$ 为 $N \times N$ 维对角阵，对角元素为 α_i；T 为 $N \times N$ 维投入产出矩阵，元素为τ_{ij}；$\Delta \ln p_i^v = \Delta \ln w_i -$（$1/1-\alpha_i$）$\Delta \ln A_i$；符号$\circ$表示矩阵中元素的哈达马（Hadamard）乘积。

式 3.25 说明，当考虑跨境中间投入联系机制时，国家产品部门的产出价格等于各国产品部门的增加值价格的加权求和，这种中间投入联系机制体现在加权矩阵 $[I-A']^{-1}$ 上。这一机制同样适用于微观企业视角，式 3.25 中第一部分 $[I-A']^{-1}$ $[I-\hat{\alpha}]$ $\Delta \ln p^v$ 表示“成本冲击”本身在 GVC 中的传导，属于 GVC 外部成本变化对价格水平的影响，即 1%成本冲击的直接效应为 $(1-\alpha_i)\%$，包含间接效应的总效应是 $[I-A']^{-1}$ $[I-\hat{\alpha}]$ $\Delta \ln p^v$；第二部分 $[I-A']^{-1}$ $[A' \circ \Delta \ln T']$ ι 反映了成本“溢出效应”在 GVC 中的传导，即上游企业贸易成本变动对下游企业的影响，属于 GVC 内部的上游企业贸易成本变化对价格水平的影响，也是本书关注的重点。从式 3.25 还可以看出，$[A' \circ \Delta \ln T']$ ι 是上游企业贸易成本变化的直接效应，贸易成本变化的权重由其对应中间投入品直接消耗系数决定。直接效应引致的间接效应主要通过 $[I-A']^{-1}$ 放大。上游贸易成本的总效应为 $[I-A']^{-1}$ $[A' \circ \Delta \ln T']$ ι。上游企业贸易成本变化通过 $[I-A']^{-1}$ 矩阵对下游企业成本产生影响，其中，$[I-A']^{-1}$ 可看作是一个乘数效应系数矩阵。

3.2.2 上下游间的“瀑布效应”

从 GVC 角度考察累积贸易成本时发现，上游的贸易成本会被转移到下一个生产过程。这些额外的贸易成本通过 GVC 生产体系累积放大，最终反映在消费者支付的更高产品价格中。这种累计贸易成本机制称为贸易成本的“瀑布效应”。

借鉴 Miller 和 Blair（2009）的定义，增加值等于均衡价格下总产出与总投入之间的价值差值，即

$$\tilde{v}'=y'-\iota'\tilde{Z} \quad \text{（式 3.26）}$$

其中，$\tilde{Z}$ 是以购买者价格计算的投入品价值。

可将式 3.26 改写为：

$$v'=y'-\iota'Z=\tilde{v}'+\iota'M \quad \text{（式 3.27）}$$

其中，$M=\tilde{Z}-Z$ 是均衡价格和购买者价格计价下投入品价值的差异，即离岸价格和到岸价格的差值。M 表示贸易成本，包括关税、运输和保险成本等。通过投入产出表可得总投入和总产出的关系方程式：

$$\bar{y}=\bar{v}'+\iota'\bar{A}\hat{\bar{y}}=\bar{v}'+\hat{\bar{y}}\bar{B} \quad \text{（式 3.28）}$$

其中，$\bar{y}=\Sigma_i y_i$ 表示总产出，$\bar{A}=[\Sigma_i\Sigma_j A_{ij}\hat{y}_j]\hat{\bar{y}}^{-1}$ 表示产业间投入产出矩阵，$\bar{B}=\hat{\bar{y}}^{-1}\hat{A}\hat{\bar{y}}$ 表示 i 产业中被下游 j 产业使用的产值占 i 产业总产值的比重矩阵。将方程 3.28 代入方程 3.27，则总产出可以分解为以下形式：

$$y'=\tilde{v}[I-B]^{-1}+\iota'M[I-B]^{-1}=\tilde{v}\hat{y}^{-1}[I-A]^{-1}\hat{y}+\iota'M\hat{y}^{-1}[I-A]^{-1}\hat{y} \quad \text{（式 3.29）}$$

其中，$[I-A]^{-1}$ 为里昂惕夫逆矩阵，$[I-B]^{-1}$ 为高斯逆矩阵，方程第二步的变化是根据里昂惕夫逆矩阵和高斯逆矩阵的关系，M 是产品成本构成的一个部分，像产品的其他成本一样对于产出的价值同时产生直接影响和间接影响。那么贸易成本 M 在单位产出价值的比重表示为：

$$\iota'M[I-B]^{-1}\hat{y}^{-1}=\iota'M\hat{y}^{-1}[I-A]^{-1} \quad \text{（式 3.30）}$$

假设 M 的列向量为 t，表示贸易成本在单位产出价值中的比重（矩阵中每个元素为贸易成本系数 t_{ji}），表示为：

$$t=[I-A']^{-1}y^{-1}M'\iota=[I-A']^{-1}[A'\circ T']\iota \quad \text{（式 3.31）}$$

从“瀑布效应”视角看，上游企业的贸易成本对下游企业成本同时产生直接效应和间接效应。$[A'\circ T']\iota$ 是直接效应，总效应为 $[I-A']^{-1}[A'\circ T']\iota$，上游企业贸易成本变化通过 $[I-A']^{-1}$ 矩阵对下游企业成本产生影响。

进一步采用 Miroudot 等（2013）提出的累积贸易成本概念进行分析，i 国从 j

国进口产品的价格中所包含的贸易成本分为直接贸易成本（进口直接产生的贸易成本，如运输、关税以及保险成本等）和隐含贸易成本（该产品的上游产品所产生的贸易成本）。具体方程为：

$$Cumcost=T+[I-A']^{-1}[A'\circ T']\iota\iota' \quad (式 3.32)$$

式 3.32 中，$Cumcost$ 是累积贸易成本，矩阵 $Cumcost$ 中的元素 ij 表示从 i 国进口时，j 国面临的累积贸易成本，其中，T 等于直接贸易成本系数矩阵。$Cumcost$ 包含了 j 国从 i 国进口投入品由于 GVC 带来的隐含贸易成本的增加值，再次印证了累积贸易成本与企业 GVC 分工位置的相关性。

3.2.3 “溢出效应”和“瀑布效应”与汇率传递性

上述推导表明，“溢出效应”中的总效应与“瀑布效应”中累积贸易成本相似，GVC 上游贸易成本均通过 $[I-A']^{-1}$ 乘数效应系数矩阵传导到下游，增加下游企业隐含贸易成本。因此，隐含贸易成本与企业 GVC 分工位置密切相关，GVC 分工位置越高其隐含贸易成本越小，并且两者之间存在 $[I-A']^{-1}$ 乘数效应系数，这一结论为 GVC 分工位置以乘数形式引入汇率传递效应理论框架提供了理论依据。

考虑到企业 GVC 分工位置（GVC）不同，其承担的从价贸易成本系数τ_i 不同①；假设 GVC 数值越大表示企业越处于下游，则其承担的从价贸易成本系数 $\tau_i GVC$ 越大，则式 3.2 中到岸价格可以改写为：

$$p_i^c=\frac{p_i\ \tau_i GVC}{\varepsilon_i}+\eta_i w_i \quad (式 3.33)$$

利润最大化原则下，基于上下游累积贸易成本出口价格的汇率弹性式 3.19 可以改写为：

$$\partial E=\frac{\partial p_i\ \theta_i}{\partial\theta_i\ p_i}=\frac{\eta_i\varphi\theta_i}{\sigma\ \tau_i GVC+\eta_i\varphi\theta_i} \quad (式 3.34)$$

由式 3.34 可知，企业 GVC 分工位置对出口价格的汇率弹性的影响依赖于贸易成本系数$\tau_i GVC$，出口价格的汇率弹性对企业 GVC 分工位置求一阶导数可得：

$$\frac{\partial E}{\partial(GVC)}=(-1)\times\frac{\sigma\ \tau_i}{(\sigma\ \tau_i GVC+\eta_i\varphi\theta_i)^2}\times(\eta_i\varphi\theta_i)<0 \quad (式 3.35)$$

式 3.35 中 $\partial E/\partial\ (GVC)\ <0$，说明企业越处于下游，所含的累积贸易成本越

① Berman 等（2012）最初模型中是使用的冰山成本，这里将其扩展为从价贸易成本系数，解释为每单位产品价值从离岸价格到到岸价格之间所付出的贸易成本。

大，从而造成出口价格的汇率弹性越小，汇率传递效应越大。基于此，故提出：

假设4：GVC上游企业会通过“溢出效应”和“瀑布效应”削弱下游企业的出口汇率弹性，GVC上下游之间具有汇率传递效应。

这一结论背后的基本经济学逻辑是，GVC上游企业的贸易成本会转移到下游企业，造成下游企业产品价格中包含的边际成本（mc）占比提高，从而企业成本加成（$markup=(p-mc)/mc$）缩小。根据PTM理论，下游企业在面临汇率变动时，会根据利润最大化原则确定出口产品价格，其出口价格调整幅度随着累积贸易成本的增大而变小，企业PTM能力降低，汇率传递效应增大。

3.3 GVC龙头企业对非龙头企业的汇率溢出效应

下面将研究视角继续停留在GVC企业间分工模式上，从企业实力视角探究龙头企业与非龙头企业间汇率关系。本书提出，龙头企业会通过价值链延长效应、生产率溢出效应和成本降低效应影响非龙头企业的出口汇率弹性，从而为经验研究提供理论基础。首先，结合Antràs和Gortari（2020）的龙头企业最优路线模型推导出龙头企业通过价值链延长效应影响非龙头企业出口汇率弹性；其次，基于异质性禀赋匹配模型推导出龙头企业对非龙头企业具有生产率溢出效应，进而影响其出口汇率弹性；最后，基于Alfaro等（2019）最优生产边界模型推导出龙头企业对非龙头企业具有成本降低效应，进而影响其出口汇率弹性。从而为经验研究提供理论基础。

3.3.1 价值链延长效应与出口汇率弹性

根据Antràs和Gortari（2020）的GVC主导企业模型，假设产品从生产到消费包含$N\{1,\cdots,N\}$生产环节，经历$J\{1,\cdots,J\}$国家。在生产最初环节（$n=1$）只包含当地要素，在随后的生产环节（$n>1$）都包含当地要素（包括生产资料等）和$n-1$阶段产出的中间品，生产路径$\ell(n)$下阶段n的成本价格为$p^n_{\ell(n)}$，生产路径$\ell(n+1)$下阶段$n+1$的成本价格为$p^n_{\ell(n)}\tau_{\ell(n)\ell(n+1)}$，整个生产路径可以表示为$\ell=\{\ell(1),\ell(2),\cdots,\ell(N)\}$，则生产路径下的总成本价格可表示为：

$$p^n_{\ell(n)}(\ell)=(a^n_{\ell(n)}c_{\ell(n)})^{\alpha_n}(p^{n-1}_{\ell(n-1)}(\ell)\tau_{\ell(n-1)\ell(n)})^{1-\alpha_n},\ n\in\mathcal{N} \quad \text{（式3.36）}$$

式3.36中，$\alpha_n\in(0,1)$表示在阶段n当地要素占成本的比重，且$\alpha_1=1$；

$a^n_{\ell(n)}$ 表示单位生产所需阶段 n 的当地要素投入。$\tau_{ij}\geqslant 1$ 表示从 i 国到 j 国的冰山贸易成本系数，为 $J\times J$ 矩阵。假设一个产品包含 N 阶段，经过生产路径 ℓ（N）后完成的最终产品成本价格可以表示为：

$$p_j^F(\ell)=p^N_{\ell(N)}(\ell)\tau_{\ell(N)j} \tag{式 3.37}$$

式 3.37 中，$j\in\mathcal{J}$，且 F 上标表示最终品。

如前文所述，主导企业可以对整个生产链的生产环节进行地理布局，因此其具有选择最优生产路径的能力，而非主导企业只能被动接受。主导企业选择最优生产路径的原则为最终品成本价格 p_j^F（ℓ）最小化，故联立式 3.36 和式 3.37，将主导企业的最优生产路径表示为：

$$\ell^j=\underset{\ell\in\mathcal{J}^N}{\operatorname{argmin}}p_j^F(\ell)=\underset{\ell\in\mathcal{J}^N}{\operatorname{argmin}}\left\{\prod_{n=1}^{N}(a^n_{\ell(n)}c_{\ell(n)})^{\alpha_n\beta_n}\times\prod_{n=1}^{N-1}(\tau_{\ell(n)\ell(n+1)})^{\beta_n}\times\tau_{\ell(N)j}\right\} \tag{式 3.38}$$

同时，$\beta_n\equiv\prod_{m=n+1}^{N}(1-\alpha_m)$，$\alpha_n\beta_n$ 表示阶段 n 当地要素成本在最终品价格中的比重，其中 $\alpha_n>0$，$\beta_1<\beta_2<\cdots<\beta_N=1$，$\prod_{m=N+1}^{N}(1-\alpha_m)=1$，$\sum_{n=1}^{N}\alpha_n\beta_n=1$。

主导企业最优生产路径模型表明，生产路径的优化在于降低式 3.38 中最终品的成本价格 p_j^F（ℓ）；嵌入延长国内价值链长度时，式 3.38 中等式右侧冰山贸易成本（$\tau_{ii}<\tau_{ij}$）降低，那么等式左侧最终品成本价格 p_j^F（ℓ）随之降低。基于此，主导企业倾向于延长国内价值链长度。

为进一步推导最优生产路径下的贸易收益，假设主导企业的生产路径服从 Fréchet 分布，国家 j 最终产品经历的生产路径为 $\ell\in\mathcal{J}^N$，则成本最小化约束下最优路径（ℓ）的贸易收益的概率分布表达式为：

$$\pi_{\ell j}=\frac{\prod_{n=1}^{N-1}((T_{\ell(n)})^{\alpha_n}((c_{\ell(n)})^{\alpha_n}\tau_{\ell(n)\ell(n+1)})^{-\theta})^{\beta_n}\times(T_{\ell(N)})^{\alpha_N}((c_{\ell(N)})^{\alpha_N}\tau_{\ell(N)j})^{-\theta}}{\Theta_j} \tag{式 3.39}$$

其中，

$$\Theta_j=\sum_{\ell\in\mathcal{J}^N}\prod_{n=1}^{N-1}((T_{\ell(n)})^{\alpha_n}((c_{\ell(n)})^{\alpha_n}\tau_{\ell(n)\ell(n+1)})^{-\theta})^{\beta_n}\times(T_{\ell(N)})^{\alpha_N}((c_{\ell(N)})^{\alpha_N}\tau_{\ell(N)j})^{-\theta} \tag{式 3.40}$$

如式 3.39 和式 3.40 所示，贸易收益表达式中包括生产率（T_ℓ）和成本（包括

要素成本 c_ℓ 和运输成本 τ_ℓ），生产率和成本的差异性促使最优生产路径中生产环节在国家间的非均衡分布，同时 $c_i=(w_i)^{\gamma}(P_i)^{1-\gamma}$。

借鉴 Eaton 和 Kortum（2002）的做法，可以求出消费者效用最大化时 i 国的最优价格指数为：

$$P_i=\kappa(\Theta_i)^{-1/\theta} \quad \text{（式 3.41）}$$

其中，$\kappa=\left[\Gamma\left(\frac{\theta+1-\sigma}{\theta}\right)\right]^{1/(1-\sigma)}$，$\Gamma$ 表示伽马函数方程，θ 表示贸易需求弹性，σ 表示产品间替代弹性，$\sigma-1<\theta$。

最优生产路径下的贸易收益构成式表明，主导企业倾向于将更多的生产环节布局在高生产率（T_ℓ）或低成本（包括要素成本 c_ℓ 和运输成本 τ_ℓ）的国家。由于国内运输成本小于国际运输成本，因此，主导企业倾向于在低成本的国内布局更多生产环节，再次表明，主导企业倾向于延长国内价值链长度，与此同时，增加国内生产环节、延长国内价值链长度会减少汇率风险对出口的影响。那么处于国内价值链上的非龙头企业会受到同样影响，提高其应对汇率风险能力。基于此，故提出：

假设5：龙头企业通过价值链延长效应提高了非龙头企业应对汇率风险的能力。

3.3.2 生产率溢出效应与出口汇率弹性

接下来基于异质性禀赋匹配模型，结合刘志彪和吴福象（2018）进行拓展，研究龙头企业对非龙头企业的生产率溢出效应。在原模型的基础上拓展到企业和产品层面，具体推导如下：

假设存在一定数量的劳动力，劳动力的技能分布是连续的，分布密度为 $V(s)$，分布区间为 $s\in[\overline{s},\ \underline{s}]$，生产最终产品需要中间品。设厂商的生产函数为经典的 $D-S$ 函数：

$$Y=\left\{\int_{i\in I}B(i)\left[Y(i)\right]^{\frac{(\sigma-1)}{\sigma}}di\right\}^{\frac{\sigma}{(\sigma-1)}} \quad \text{（式 3.42）}$$

其中，$Y(i)>0$ 为第 i 种中间品投入，$i\in[\underline{i},\ \overline{i}]$ 为生产率，σ 为中间品替代弹性($\sigma>1$)。$B(i)\geqslant 0$ 为外生技术参数；i 同时可以描述产品等级，产品越高端（质量高或技术含量高）i 越大。中间品生产函数为：

$$Y(i)=\int_{\underline{s}}^{\overline{s}}A(s,\ i)L(s,\ i)di \quad \text{（式 3.43）}$$

其中，$L(s, i) \geqslant 0$代表生产第i等级产品需要投入技能水平为s的劳动力数量，$A(s, i)$代表劳动力与产品等级的匹配程度。假设式3.43中的$A(s, i)$具有对数超模性质，对于任意$i'>i$，$s'>s$，均有不等式：

$$A(i', s') \cdot A(i, s) > A(i', s) \cdot A(i, s') \quad \text{（式 3.44）}$$

假定劳动力在部门间自由流动，参照Costinot和Vogel（2009）模型，劳动力与产品等级存在对应的匹配关系$i=M(s)$，对应的边界条件为：

$$\underline{i}=M(\underline{s}), \quad \overline{i}=M(\overline{s}) \quad \text{（式 3.45）}$$

式3.45中，函数$M(\cdot)$为劳动力与产品等级之间严格递增的匹配函数。假设企业可分为龙头企业与非龙头企业两大类型，其中龙头企业比非龙头企业拥有更高的生产率，即$\overline{i}_1>\overline{i}_2$。产品结构也存在差异，即$\overline{s}_1>\overline{s}_2$，$\underline{s}_1=\underline{s}_2$。

中间投入共享机制促进中间品实际价格长期内趋于收敛，存在一个临界值s^*，使得当$s\in[\underline{s}_2, s^*]$时，$M_1(s)=M_2(s)$；当$s\in(s^*, \overline{s}_1]$时，$M_1(s)>M_2(s)$。中间投入共享机制会导致龙头企业和非龙头企业低等级产品的生产率会趋同。但龙头企业拥有更高生产率及高技能劳动力，需要进一步匹配更高等级的产品。

假设中间品生产工序在空间上可以分离，依照劳动技能的禀赋差异实行专业化分工。龙头企业保留生产率较高的产品，将生产率较低的产品或生产环节转移给非龙头企业，使得非龙头企业的产品等级上界变为$\overline{i}_2$，且$\overline{i}_2^S>\overline{i}_2$。生产率趋同的产品最终范围会扩大，即$s^{**}>s^*$，使得当$s\in[s_2, s^{**}]$时，有$M_1^S(s)=M_2^S(s)$。伴随着分工的进一步细化，对于任意$s\in[\underline{s}_2, \overline{s}_2]$来说，均有$M_2^s(s)\geqslant M_2(s)$，因此，龙头企业通过知识技术溢出效应（Combes等，2010）促进了非龙头企业劳动生产率提升。

龙头企业外包了$[\underline{i}_2, \overline{i}_2^s]$的部分环节，$[i_2^s, \overline{i}_1]$的产品密度提高。为进一步优化劳动技能和产品等级的匹配度，龙头企业会进一步匹配更高技术含量的产品。综合式3.43和式3.45可知，对应的技术结构条件$B_1^s(\cdot)$满足：

$$B_1^S(i')B_1(i) \geqslant B_1^S(i)B_1(i'), \quad \forall i' \geqslant i \quad \text{（式 3.46）}$$

在式3.46中，一方面，条件$\overline{i}_2^S>\overline{i}_2$要求龙头企业与非龙头企业具备一定的互补性；另一方面，分工的效率由$M_1^{-1}(\overline{i}_2^S)-\overline{s}_2$决定，龙头企业与非龙头企业生产率不能差距太大。那么，对于任意$s\in[\underline{s}_1, \overline{s}_1]$，均有$M_1^S(s)\geqslant M_1(S)$，表明龙头企业与非龙头企业的生产率均得以提升。

以上异质性匹配模型机制表明，龙头企业通过生产率溢出效应促进非龙头企业生产率的提升，而企业生产率的提高会进一步影响出口汇率弹性。接下来借鉴

Berman 等（2012）模型，根据前面企业生产率和出口量汇率弹性式 3.18 和出口价格汇率弹性式 3.19 表明，生产率 φ 越大，出口量汇率弹性越小，出口价格汇率弹性越大。基于此分析，故提出：

假设 6：龙头企业通过生产率溢出效应促进非龙头企业生产率的提升，进而降低其出口量汇率弹性，增大其出口价格汇率弹性。

3.3.3 成本降低效应与出口汇率弹性

通过更换原模型生产函数形式，对 Alfaro 等（2019）GVC 生产最优边界模型进行拓展，构建龙头企业 GVC 分工位置与其在 GVC 中议价能力之间的关系，研究龙头企业位置对非龙头企业生产成本的影响，进而影响其出口汇率弹性，具体而言，基于中国企业参与 GVC 分工位置一般在中下游，国内外中间品的投入占比相对保持稳定，且可替代性不强的实际，本书将原有模型中的 CES 函数改为 C-D 函数，进行重新建模，从而拓宽了理论的适用范围。推导如下：

假设厂商的生产函数为 C-D 函数，则产出函数可以表示为：

$$q_i = A p_d^{1-\rho} p_f^{\rho} \quad (\text{式 } 3.47)$$

其中，$A>0$，表示产品异质性（如产品质量等）；$\rho \in (0, 1)$ 为国外中间品投入产比，$1-\rho$ 为国内中间品投入产比，p_d 和 p_f 分别为国内和国外中间品价格。q_i 表示最终消费品，生产最终产品需要经过不同的中间生产阶段，设定中间贸易品的产出函数为：

$$q(m) = \theta\left(\int_0^m \psi(i) x(i)^{\alpha} I(i) di\right)^{1/\alpha} \quad (\text{式 } 3.48)$$

其中，$i \in [0, m]$ 代表企业在 GVC 上的阶段数占总生产阶段数的比重。$x(i)$ 为上游对下游的投入，θ 为生产率参数，$\alpha \in (0, 1)$ 为生产阶段对称性替代参数，$\psi(i) \in (0, 1)$ 为上游投入品对下游生产阶段的边际产出。式 3.58 中间品的边际产出为：

$$r(m) = A^{1-\rho}\theta^{\rho}\left\{\int_0^m [\psi(i) x(i)]^{\alpha} di\right\}^{\rho/\alpha} \quad (\text{式 } 3.49)$$

考虑龙头企业与中间品供应商在 m 生产阶段上议价能力差异，根据莱布尼茨微分法则可得：

$$r'(m) = \frac{\rho}{\alpha}(A^{1-\rho}\theta^{\rho})^{\frac{\alpha}{\rho}} r(m)^{\frac{\rho-\alpha}{\rho}} \psi(m)^{\alpha} x(m)^{\alpha} \quad (\text{式 } 3.50)$$

假设 GVC 中 m 阶段龙头企业的话语权（议价能力）表示为 $\beta(m) \in \{\beta_V, \beta_o\}$，则中间品供应商议价能力为 $1-\beta(m)$，那么中供应商在 m 阶段提供中间投入品所获得的收益可以表示为：

$$x^*(m)=\arg\max_{x(m)}\left\{[1-\beta(m)]\frac{\rho}{\alpha}(A^{1-\rho}\theta^{\rho})^{\frac{\alpha}{\rho}}r(m)^{\frac{\rho-\alpha}{\rho}}\psi(m)^{\alpha}x(m)^{\alpha}-c(m)x(m)\right\}$$

（式 3.51）

式 3.51 表明，随着中间品供应商在 m 阶段议价能力 $1-\beta$（m）的提高，收益 x（m）会提高；同时成本 c（m）减小，x（m）同样会增大。

因此，GVC 各企业在不同生产阶段上获得的中间品边际收益与其议价能力有关，即与所处的 GVC 分工位置密切相关。

借鉴 Antràs 和 Chor（2013）的假设，$\rho>\alpha$ 即中间品与最终产品可替代性小于中间品之间的可替代性。根据 Alfaro 等（2019）的推导，当 x（m）最优时，龙头企业在 m 阶段的议价能力可以表示为：

$$\beta^*(m)=1-\alpha\left\{\frac{\int_0^m[\psi(i)/c(i)]^{\frac{\alpha}{1-\alpha}}di}{\int_0^1[\psi(i)/c(i)]^{\frac{\alpha}{1-\alpha}}di}\right\}^{\frac{\alpha-\rho}{\alpha}}$$

（式 3.52）

其中，β^*（m）随着 m 的增大单调递增表明，龙头企业越处于价值链分工阶段上游，其话语权越强，这一观点得到 Antràs 和 Chor（2013）的证实；话语权越强意味着对于 GVC 中间投入品的定价能力越强，有助于降低中间投入品的价格；假设同一行业的企业无论是否为龙头企业使用同样中间投入品，那么对于非龙头企业而言，也降低了其中间投入成本进而降低了生产成本。

接下来同样借鉴 Berman 等（2012）模型，分析生产成本和出口汇率弹性的关系。同样地，基于式 3.14 和式 3.16，将企业出口量汇率弹性和出口价格汇率弹性对企业生产成本求导可得：

$$\frac{\partial E_Q}{\partial\tau}=\frac{\sigma\tau_i}{(\tau_i+\eta\varphi)^2}\times(\eta\varphi)>0$$

（式 3.53）

$$\frac{\partial E_P}{\partial\tau}=(-1)\times\frac{\sigma\tau_i}{(\sigma\tau_i+\eta_i\varphi\theta_i)^2}\times(\eta_i\varphi\theta_i)<0$$

（式 3.54）

式 3.53 和式 3.54 表明：企业生产成本降低，出口量汇率弹性减小，出口价格汇率弹性增大。根据以上分析可知龙头企业通过降低中间投入品的价格对非龙头企业产生成本降低效应，进而影响了其出口汇率弹性。基于此分析，提出：

假设 7：龙头企业通过成本降低效应降低了非龙头企业的投入中间品成本，进而降低其出口量汇率弹性，增大其出口价格汇率弹性。

综上所述，首先在最优路径选择理论框架下推导出龙头企业倾向于延长国内价值链长度，进而通过价值链延长效应影响非龙头企业的出口汇率弹性；其次异质性禀赋匹配模型指出，龙头企业对非龙头企业具有生产率溢出效应，进而影响其出口汇率弹性；最后Alfaro等（2019）模型指出了上游度高的龙头企业对中间投入品议价能力更强，进而降低了使用同样中间投入品的非龙头企业的成本，而成本降低效应会对其出口汇率弹性产生影响。因此，龙头企业会通过生产率溢出效应、成本降低效应和价值链延长效应影响非龙头企业的出口汇率弹性。

3.4 本章小结

本书首先基于拓展BMM模型分别构建GVC分工位置影响企业出口量汇率弹性和出口价格汇率弹性的模型；同时推导了GVC分工位置影响出口汇率弹性的作用机制。其次，基于拓展Johnson（2018）模型和GVC“溢出效应”和“瀑布效应”构建GVC上游企业对下游企业的出口汇率弹性传递效应理论模型。最后，结合Antràs和Gortari（2020）龙头企业模型、异质性禀赋匹配模型以及Alfaro等（2019）最优生产边界模型梳理出龙头企业会通过生产率溢出效应、成本降低效应和价值链延长效应影响非龙头企业的出口汇率弹性，从而为经验研究提供理论基础。

理论研究的结果显示，GVC分工位置越高，企业出口价格的汇率弹性越大，出口量的汇率弹性越小；GVC分工位置对出口汇率弹性的影响机制源于企业生产率和企业垄断度的差异；GVC上游企业会通过“溢出效应”和“瀑布效应”削弱下游企业的出口汇率弹性，GVC上下游之间具有汇率传递效应；龙头企业GVC分工位置的攀升会同时导致非龙头企业出口价格汇率弹性的提升和出口量汇率弹性的降低，且这些影响主要是通过龙头企业的生产率溢出效应、成本降低效应和价值链延长效应来实现的，进而龙头企业对非龙头企业具有汇率溢出效应。这些结论是否在现实经济生活中成立，需要进一步的实证检验，本书将在后续章节中对以上理论假设进行实证检验。

第4章　GVC分工位置测度与典型化事实

本章在完成数据筛选、处理与匹配等步骤后，详细地阐述了核心指标GVC分工位置测算以及其经济学含义；并给出全样本和分组样本的典型性事实以及分析。同时对GVC分工位置与企业出口汇率弹性的关系进行初步统计性描述。

4.1　数据筛选与说明

为描述和刻画中国企业所处的GVC分工位置，本书使用中国投入产出表和世界投入产出表（WIOT）并将之匹配到企业层面的海关贸易数据和工业企业数据库。数据处理是一个难点，下面着重说明本书中采用的三套数据库以及相应的数据处理方式。

4.1.1　数据来源和处理

第一套数据是2000~2013年中国海关贸易统计数据（CCTS）。主要通过国别的HS-8位代码产品、贸易形式、权属类型和外贸制度等，来观察企业层面的进出口总值。为了研究需要，我们避免月度高频数据的季节性影响，我们使用了汇总的年度数据。同时参考删除了企业出口为零或者为负的出口企业样本。

第二套来自工业企业数据库（CASIF），样本主要包括2000~2013年，500万规模以上制造业企业数据，具体包括企业成立年限、权属类型，企业固定投资额，企业员工数量等。本书采用了Upward等（2013）方法，剔除企业年销售额、固定资产、主营业务收入、总资产等变量为零或为负值，企业从业人员小于8人等明显不合理的观测指标。

第三套是中国投入产出表和世界投入产出表（WIOT），本书基准检验采用的是2002年122部门中国投入产出表，2007年135部门中国投入产出表以及2012

年139部门中国投入产出表。我们之所以采用中国投入产出表而未采用WIOD数据，是基于以下三个方面的考虑：一是WIOD由于只包含43个行业，行业分类太粗容易忽略行业的异质性特点（Fally，2012）；二是WIOD是全球分类，为了统一行业标准，无法突出中国特色；三是使用中国投入产出表计算上游度时，为了体现开放经济计算过程中对进出口以及存货的进行了相应调整。中国投入产出表主要是行业层面的数据，行业分类采用《国民经济行业分类》。由于中国2002年投入产出表（122部门）、2007年投入产出表（122部门）和2012年投入产出表（122部门）统计的部门不一致，因此首先将行业调整为一致，考虑到后面与中国工业企业数据库、中国海关数据库的匹配，同时为了使得行业数据得到最大保存，我们以2002年投入产出表作为行业基准，将2007年和2012年细分后的产业按照2002年的行业进行合并汇总，以产业出口占比为权重进行合成。一些行业比如采盐业，在2007年和2012年投入产出表中没有出现的可以继续利用2002年数据进行补充。极个别2007年和2012年细分行业在2002年中找不到对应行业的进行了删除，最后统一为122个行业。同时本书稳健性检验中采用的WIOT，更替投入产出表可以证明其测度结果和实证结果的稳健性。

4.1.2 数据库匹配合并

本书首先将工业企业数据库和海关数据库进行合并，其次将中国投入产出表的行业与合并库进行匹配。

首先，利用Upward等（2013）以及田巍和余淼杰（2012）的方法，采用“两步法”对两个数据库的数据进行匹配。先使用企业名称进行第一步匹配，企业名称具有不可重复性，因此第一步匹配具有很高的匹配效率和有效性，但需要注意的是，不同地域的企业可能存在重名的问题，为了进一步提高匹配程度，需要进行第二步匹配，对匹配上的企业利用企业名称中的关键字或者企业信息（地址和电话号码）进行二次匹配，通过两步法匹配既可以降低错误匹配的概率，又可以得到一个具有广泛代表性的样本。① 其次，中国投入产出表与两库合并后数据库匹配。由于中国细分行业的中国投入产出表每5年编制一次，因此，不编制的年份涉及如何对应其投入产出关系的问题，本书采取以后两种方式进行处理：

① CASIF和CCTS数据之所以不能全部匹配，主要是基于以下原因：一是CASIF包括了一些不进行对外贸易的企业，这部分企业不会出现在CCTS数据库中；二是CASIF数据库中一些企业是通过贸易中介进行出口，这部分企业在CCTS数据库中不能在其企业名称下体现；三是CASIF数据库中只包括规模以上制造业行业企业，因此，CCTS库中包含的中小型企业或者非制造业行业企业，都无法进行匹配。

第一种采取将相近年份对应的方式。借鉴 Ju 和 Yu（2015）的处理方式，将编制的投入产出表作为中间年份进行匹配，本书的研究时间为 2000~2013 年，因此，将 2002 年投入产出表匹配 2000~2004 年企业微观数据，2007 年投入产出表匹配 2005~2009 年企业微观数据，2012 年投入产出表匹配 2010~2013 年企业微观数据。第二种采取差分法对年度投入产出关系进行平滑处理后再进行对应，也是本书处理数据的创新之处。以往研究都假设短期投入产出关系变化不大，使用相近年份对应的处理方式，但我们通过观察投入产出表发现，2002 年和 2007 年的投入产出关系变化不大，但 2012 年和 2007 年以及 2002 年的投入产出变化较大，联系中国经济发展实际，2002~2012 年也是中国经济发展和产业结构调整变化较大的十年，投入产出关系变化大也是符合现实经济发展的，同时，产业结构调整和优化也不是一蹴而就，瞬时改变的，是一个循序渐进的过程，因此，我们将投入产出表进行差分处理，假设中国投入产出关系的变化是一步一步均衡发展的，这样处理也更符合经济产业发展实际，通过差分处理，得到每一年的投入产出系数，并将其与相应年份的企业微观数据库匹配。最后，基于 Brandt 等（2012）提供的 IO 分类码与 2003 年前后 CIC 分类码对照表，将中国投入产出表与合并后数据库进行匹配。至此，完成三套数据库的合并匹配。

需要注意的是，在计算企业 GVC 分工位置时，涉及贸易中间商的处理，一些中国企业只是纯粹的从事进出口贸易，并不涉足制造环节，但他们通常作为国内生产商（买方）和外国买家（供应商）之间的中介。本书借鉴 Ahn 等（2010）提出的方法，将企业名称中包含“进出口”“贸易”“经贸”等信息的企业归纳为贸易中间商进行识别。我们最终发现进口中间贸易商的数量为 39140 家，2000~2013 年，随着中国对进出口经营权的审批权的放开，贸易中间商进出口规模表现出下降趋势。本书计算企业 GVC 参与位置时不考虑贸易中间商，这主要是由于贸易中间商不能反映其从事的出口商品的行业，同时也无法确定出口产品来自哪个企业，并且贸易中间商一般存在过度进口或者过度出口的问题，不能真实地反映其出口情况。

4.2 GVC 分工位置测度

4.2.1 GVC 分工位置的测算公式

以封闭经济体系为例，阐述 GVC 分工位置分析的核心理论，这一观点拓展到多国模型仍然适用。

投入产出模型的基本框架：

$$\bar{y}=\bar{A}\,\bar{y}+\bar{f} \quad \text{（式 4.1）}$$

其中，$\bar{y}=\sum_i y_i$ 表示总产出；$\bar{f}=\sum_i\sum_j f_{ij}$ 表示最终品消费支出；$\bar{A}=[\sum_i\sum_j A_{ij}\hat{y}_j]\ \hat{y}^{-1}$ 投入产出表。

那么式 4.1 可以写成下面形式：

$$\bar{y}=[I-\bar{A}]^{-1}\bar{f}=(I+\bar{A}+\bar{A}^2+\bar{A}^3+\cdots)\bar{f} \quad \text{（式 4.2）}$$

方程第二步是里昂惕夫逆矩阵（$[I-\bar{A}]^{-1}$）的泰勒展开形式，且与 GVC 生产过程的分解阶段十分吻合。式 4.2 表示最终产出可以分解为最终消费加上生产过程使用的中间品投入。$\bar{A}\bar{f}$ 表示直接用于生产最终产品的投入，$\bar{A}^2\bar{f}$ 表示用于生产中间品的投入等。基于投入产出表测度 GVC 分工位置的理论，其核心思想均是将生产过程分解为一个一个的阶段，并“数出”阶段数，式 4.2 表示在行业距离最终需求前有多少阶段，这一观点最早由 Fally（2012）和 Antràs 等（2012）分别提出。Fally（2012）和 Antràs 等（2012）分别设计了用来测度产业在 GVC 中位置的指标。

其一，Antràs 等（2012）提出了上游度（Upstreamness）测度 GVC 分工位置，认为如果行业主要生产最终产品或者生产直接用于最终产品的中间品，这样的行业更接近最终消费，相应地，也就更加处于价值链下游。上游度表达式为：

$$U_{1i}=1\times\frac{F_i}{Y_i}+2\times\frac{\sum_{j=1}^{N}d_{ij}F_j}{Y_i}+3\times\frac{\sum_{j=1}^{N}\sum_{k=1}^{N}d_{ik}d_{kj}F_j}{Y_i}+4\times\frac{\sum_{j=1}^{N}\sum_{k=1}^{N}\sum_{l=1}^{N}d_{il}d_{lk}d_{kj}F_j}{Y_i}+\cdots$$

（式 4.3）

其二，Fally（2012）也提出测度 GVC 分工位置的指标，认为如果行业产品主要作为 GVC 上游行业的中间品投入，那么该行业也处于 GVC 上游。表达式为：

$$U_{2i}=1+\sum_{j=1}^{N}\frac{d_{ij}Y_j}{Y_i}U_{2j} \quad \text{（式 4.4）}$$

上式两边同乘以 Y_i 可得，令，$P_i=U_{2i}Y_i$，$i\in\{1,2,\cdots,N\}$，可以得到下式：

$$P_i=Y_i+\sum_{j=1}^{N}d_{ij}P_j \quad \text{（式 4.5）}$$

改写成矩阵形式为，$P=Y+DP$，则经过变形可得：

$$P=[I-D]^{-1}Y \qquad (式 4.6)$$

Antràs 等（2012）测度的上游度 U_{1i} 中分子用矩阵表示为 $[I-D]^{-1}Y$，而 $P_i/Y_i=U_{2i}$，因此可以证明，$U_{2i}=U_{1i}$。因此，虽然两者构建指标时的思想不尽相同，但两者的计算结果却相同。

基于以上思想，主要参照 Antràs 等（2012）提出的上游度（Upstreamness），将生产最终品的行业定义为与最终消费的距离为 1，以此类推，生产最终品直接投入品的行业定义为与最终消费的距离为 2，生产最终品直接投入品的中间品的行业定义为与最终消费的距离为 3，等等。接下来我们将距离作为权重，将每阶段产出占比加权求和，得到行业上游度的矩阵表达式：

$$U=1\hat{y}^{-1}\overline{f}+2\hat{y}^{-1}\overline{A}\overline{f}+3\hat{y}^{-1}\overline{A}^{2}\overline{f}+4\hat{y}^{-1}\overline{A}^{3}\overline{f}+\cdots=\hat{y}^{-1}[I-\overline{A}]^{-2}\overline{f} \qquad (式 4.7)$$

式 4.7 中，将行业产出距离最终消费品的阶段数作为各阶段产出占比的权重，因此，这个指标的数值越大，表示产业上游度越高。上游度指标与投入产出模型具有完美的匹配关系，为了更容易看出两者关系，上游度指标可以改写为以下形式：

$$U=\hat{y}^{-1}[I-\overline{A}]^{-2}\overline{f}=\hat{y}^{-1}[I-\overline{A}]^{-1}\hat{y}\iota=[I-\overline{B}]^{-1}\iota \qquad (式 4.8)$$

式 4.8 中，上游度也表示为高斯逆矩阵的列向量的形式，也用来衡量生产过程的前向链接效应，因此，上游度高的行业有较强的前向链接效应。

4.2.2 上游度的经济学含义

Antràs 等（2012）提出了上游度的两种经济学解释，并进行了论证。

4.2.2.1 *产出视角的分析*

从产出矩阵的分解入手，总产出可以分解为最终品和中间品，表达式如下：

$$Y_i=F_i+\sum_{j=1}^{N}d_{ij}Y_j \qquad (式 4.9)$$

将上式进行求导变换后可得：

$$\frac{\partial Y_i}{\partial d_{ii}}=Y_i+\sum_{k=1}^{N}d_{ik}\frac{\partial Y_k}{\partial d_{ii}} \qquad (式 4.10)$$

$$\frac{\partial Y_i}{\partial d_{jj}}=\sum_{k=1}^{N}d_{ik}\frac{\partial Y_k}{\partial d_{jj}}(j\neq i) \qquad (式 4.11)$$

将上面两个公式合并后再同除以 Y_i 后化简可得：

$$\frac{1}{Y_i}\sum_{j=1}^{N}\frac{\partial Y_i}{\partial d_{jj}}=1+\sum_{k=1}^{N}\left(\frac{d_{ik}Y_k}{Y_i}\right)\frac{1}{Y_k}\sum_{j=1}^{N}\frac{\partial Y_k}{\partial d_{jj}} \qquad (式 4.12)$$

可以发现上式方程形式与 U_{2i} 表达式一致，因此，上游度可以表示为以下半弹性形式：

$$U=\frac{1}{Y_i}\sum_{j=1}^{N}\frac{\partial Y_i}{\partial d_{jj}} \quad (式4.13)$$

其中，为 d_{jj} 为 D 矩阵的对角元素。式4.13中上游度 U 表示产业内投入产出效应的单位变化对于该产业总产出的半弹性，主要衡量了一个行业产出对于自身部门投入品的依赖程度。当然一个行业产出的增大会带来所有行业总产出的增加，但不同上游度行业由于其乘数效应不同，因此，引致的总产出增大的规模效应也不同。

4.2.2.2　投入增加值视角的分析

从投入矩阵的分解入手，总投入可以分解原材料投入为和中间品投入，具体表达式如下：

$$Y_i=V_i+\sum_{j=1}^{N}d_{ji}Y_i=V_i+\sum_{j=1}^{N}\frac{d_{ji}Y_i}{Y_j}Y_j \quad (式4.14)$$

其中，Y_i 为行业总投入，V_i 为原材料投入，投入矩阵 Δ 中每个元素为 δ_{ji}，等于 $d_{ji}Y_i/Y_j$，则使用类似于求导的方式将以上方程迭代展开，具体表达式为：

$$Y_i=V_i+\sum_{j=1}^{N}\delta_{ji}V_j+\sum_{j=1}^{N}\sum_{k=1}^{N}\delta_{jk}\delta_{ki}V_j+\sum_{j=1}^{N}\sum_{k=1}^{N}\sum_{l=1}^{N}\delta_{jk}\delta_{kl}\delta_{li}V_j+\cdots \quad (式4.15)$$

加总所有的行业 $i\in\{1,2,\cdots,N\}$，改写成矩阵形式为：

$$Y=V+\Delta'V+(\Delta')^2V+(\Delta')^3V+\cdots \quad (式4.16)$$

对于所有的行业 i，由于 $\sum_{j=1}^{N}\delta_{ij}<1$ 则上式可以化简为：

$$Y=[I-\Delta']^{-1}V=([I-\Delta]^{-1})'V \quad (式4.17)$$

将上式中行业 j 对 V_i 求导可得：$\sum_{j=1}^{N}\frac{\partial Y_j}{\partial V_i}$，为 $[I-\Delta]^{-1}1$ 中的第 i 行的元素，其中1为元素1的 N 列向量。同时由于：

$$\sum_{j=1}^{N}\frac{\partial Y_j}{\partial V_i}=U_{2i}=U_i \quad (式4.18)$$

那么封闭经济体系下，并且不存在存货，不同上游度行业对于总产出的影响效应为：

$$U=\sum_{j=1}^{N}\frac{\partial Y_j}{\partial V_i} \quad (式4.19)$$

其中，Y_j 表示 j 行业示总产出，V_i 表示 i 行业的增加值（投入要素成本，利润等），上式中上游度 U 表示产业 i 增加值的单位变化所带来所有行业总产出的变化，Ghosh（1958）中提出的前向链接效应是使用高斯逆矩阵 $[I-B]^{-1}$ 的行和表示，Fally（2012）提出上游度公式 $U=[I-B]^{-1}l$ 正好也是高斯逆矩阵行和的列向量。也就等于投入产出模型理论中前向链接效应（Miller 和 Blair, 2009），因此，上游度高的行业的增加值变化通过乘数效应对总产出产生更大的影响。

根据定义可以计算出上游度，从经济学意义上看，上游度高也意味着原模型中的中间品出口占比高的含义；但上游度不仅包含原模型的含义，同时包含了 GVC 复杂度等其他含义，下面对 GVC 上游度数值的大小代表的经济学意义进行了简单说明：上游度数值大一方面表示，中间品产出在总产出的比重大；另一方面，中间品产出（直接、间接）的供应链与其他行业的联系更加复杂和密切。同样地，上游度数值小一方面表示最终品产出在总产出的比重大；另一方面表示中间品产出的供应链与其他行业的联系更加简单和弱化。

4.2.3 从封闭经济到开放经济

以上均是基于封闭经济系统下的情况，我们主要是测度出口上游度指标，因此，应当将封闭经济拓展为包含进出口贸易的开放经济体系：

$$\begin{aligned} Y_i &= F_i+Z_i+X_i-M_i \\ &= F_i+X_{Fi}-M_{Fi}+Z_i+X_{Zi}-M_{Zi} \end{aligned} \qquad \text{（式 4. 20）}$$

其中，F_i 和 Z_i 分别表示 i 行业产出中用作国内最终品和中间品的部分，X_i 和 M_i 分别表示 i 行业中的出口和进口，将出口和进口进一步分为出口最终品（X_{Fi}）和进口最终品（M_{Fi}），以及出口中间品（X_{Zi}）和进口中间品（M_{Zi}）。

$$Z_i+X_{Zi}-M_{Zi}=\sum_{j=1}^{N}(d_{ij}Y_j+X_{ij}-M_{ij}) \qquad \text{（式 4. 21）}$$

式 4. 21 表示下游 j 行业购买 i 行业产品作为中间投入品的总和。X_{ij} 和 M_{ij} 分别表示 j 行业所购买的 i 行业产品中出口部分和进口部分。

开放经济条件下，δ_{ij} 表示 j 行业购买 i 行业的产品占总产出的比重，则可以表示为：

$$\delta_{ij}=\frac{d_{ij}Y_j+X_{ij}-M_{ij}}{Y_i} \qquad \text{（式 4. 22）}$$

由于中国投入产出表并不提供出口产品和进口产品是被用作中间品还是最终品，X_{ij} 和 M_{ij} 无法获取。因此，我们假设 i 行业产出中进口和出口部分被 j 行业当作中间品同比例使用，则 $X_{ij}=\delta_{ij}X_i$，且 $M_{ij}=\delta_{ij}M_i$。进一步变形可得：

$$\delta_{ij}=\frac{d_{ij}Y_j}{Y_i-X_i+M_i} \quad (式4.23)$$

将投入产出矩阵中元素 d_{ij} 进行变化，调整为开放经济系统下 $d_{ij}Y_j/Y_i$，那么最后得到：

$$\hat{d}_{ij}=d_{ij}\frac{Y_i}{Y_i-X_i+M_i} \quad (式4.24)$$

接下来进行存货的调整，那么包括存货调整后的矩阵元素变为：

$$\delta_{ij}^{inv}=\frac{d_{ij}Y_j+X_{ij}-M_{ij}+N_{ij}}{Y_i} \quad (式4.25)$$

其中，N_{ij} 表示为了存货调整，行业 j 所购买的行业 i 的产出，同样由于数据的局限性，我们同样对存货进行同比例假设，$N_{ij}=\delta_{ij}^{inv}N_i$。加上存货调整后，系数 d_{ij} 进一步调整为：

$$\delta_{ij}^{inv}=\frac{d_{ij}Y_j}{Y_i-X_i+M_i-N_i} \quad (式4.26)$$

其中，N_i 表示存货的净调整，存货增加为正，减少为负。

4.2.4 企业上游度

前面的讨论主要是基于行业层面的上游度探讨，下面我们借鉴Chor等（2014）的方法，建立中国企业上游度测度方程，作为Antràs等（2012）提出行业上游度计算方法的拓展。

首先，利用135个行业的中国投入产出表，使用Antràs等（2012）上游度计算方法，考虑了开放经济和存货，并进行了相关系数调整，计算出中国细分行业的上游度（中国细分行业的上游度指标见表4-1）。然后将行业上游度数据，以产品出口额占比作为权重匹配到企业层面。具体来说，中国海关的贸易数据提供了HS产品目录，我们将HS产品代码和中国投入产出表中的行业分类结合起来，计算了每个企业 t 年 i 行业的出口额（X_{fit}），得到企业 f 的上游度为：

表4-1　2000~2013年中国细分行业的上游度指标

行业	2002年上游度	2002年下游度	2007年上游度	2007年下游度	2012年上游度	2012年下游度
农业	2.34	1.86	3.33	2.01	2.08	2.03
林业	2.89	1.79	4.46	1.85	1.11	1.91

续表

行业	2002年上游度	2002年下游度	2007年上游度	2007年下游度	2012年上游度	2012年下游度
木材及竹材采运业	3.64	1.92	3.64	1.92	1.11	1.91
畜牧业	1.87	2.21	2.56	2.33	1.36	2.36
渔业	2.06	2.09	2.67	2.08	1.11	2.07
农、林、牧、渔服务业	2.99	2.08	3.95	2.40	1.08	2.39
煤炭开采和洗选业	4.17	2.10	5.34	2.65	2.06	2.46
石油和天然气开采业	4.92	1.74	5.51	2.30	2.11	2.21
黑色金属矿采选业	4.66	2.35	5.11	3.11	1.63	2.85
有色金属矿采选业	5.41	2.56	5.86	2.94	1.23	2.88
采盐业	5.30	1.92	5.30	1.92	1.14	2.82
其他非金属矿采选业	3.17	2.43	4.22	2.90	1.14	2.82
谷物磨制业	2.01	2.58	2.71	2.75	1.15	2.81
饲料加工业	2.96	2.81	3.64	3.03	1.24	2.99
植物油加工业	2.04	2.67	2.93	2.92	1.15	2.95
制糖业	2.23	2.45	3.01	2.80	1.03	2.62
屠宰及肉类加工业	2.05	2.91	2.24	3.09	1.12	3.14
水产品加工业	1.88	2.65	2.63	2.86	1.05	2.94
其他食品加工和食品制造业	1.42	2.80	1.78	3.15	1.06	3.11
酒精及饮料酒制造业	2.13	2.37	2.62	2.71	1.09	2.72
其他饮料制造业	1.91	2.75	3.06	3.19	1.09	3.10
烟草制品业	1.86	1.48	2.50	1.98	1.13	1.77
棉、化纤纺织及印染精加工业	3.32	3.02	4.43	3.58	1.65	3.53
毛纺织和染整精加工业	3.10	2.98	4.04	3.25	1.06	3.41
麻纺织、丝绢纺织及精加工业	3.08	2.93	4.24	3.31	1.04	3.23
纺织制成品制造业	2.88	3.12	4.01	3.63	1.05	3.80
针织、编织品及其制品制造业	2.54	3.06	3.57	3.65	1.04	3.60
纺织服装、鞋、帽制造业	1.87	3.08	2.24	3.57	1.13	3.65
皮革、毛皮、羽毛（绒）及其制品业	2.27	3.25	2.88	3.57	1.05	3.39
木材加工及木、竹、藤、棕、草制品业	3.03	2.84	3.61	3.23	1.30	3.35
家具制造业	2.11	2.98	2.05	3.36	1.03	3.41
造纸及纸制品业	3.81	2.76	4.35	3.26	1.36	3.32
印刷业和记录媒介的复制业	3.39	2.57	3.59	3.26	1.19	3.26

续表

行业	2002年上游度	2002年下游度	2007年上游度	2007年下游度	2012年上游度	2012年下游度
文化用品制造业	2.98	3.04	2.78	3.70	1.13	3.55
玩具体育娱乐用品制造业	1.45	2.95	1.45	2.95	1.13	3.55
石油及核燃料加工业	3.98	2.65	4.54	3.08	2.14	2.99
炼焦业	4.66	2.48	5.09	2.87	1.21	2.73
基础化学原料制造业	4.71	2.74	5.38	3.47	1.73	3.55
肥料制造业	3.52	2.99	4.57	3.56	1.25	3.56
农药制造业	3.71	3.00	4.63	3.67	1.06	3.65
涂料、颜料、油墨及类似制造	4.03	3.12	4.34	3.72	1.14	3.83
合成材料制造业	4.17	3.06	4.56	3.52	1.51	3.68
专用化学产品制造业	4.41	3.06	4.86	3.76	1.49	3.64
日用化学产品制造业	2.56	2.86	2.86	3.35	1.04	3.40
医药制造业	2.07	2.55	2.44	3.04	1.26	3.08
化学纤维制造业	4.01	3.15	5.16	3.71	1.17	3.99
橡胶制品业	3.53	2.77	4.13	3.58	1.18	3.62
塑料制品业	3.90	3.19	4.21	3.85	1.53	3.83
水泥、石灰和石膏制造业	2.22	2.81	2.45	3.27	1.24	3.36
玻璃及玻璃制品制造业	3.42	2.67	3.60	3.24	1.14	3.35
陶瓷制品制造业	2.34	2.72	2.80	3.28	1.04	3.30
耐火材料制品制造业	3.08	2.47	3.60	2.84	1.10	2.85
其他非金属矿物制品制造业	2.81	2.68	4.04	3.11	1.10	3.10
炼铁业	4.41	2.77	4.79	3.29	1.68	3.25
炼钢业	4.20	2.79	4.62	3.08	1.68	3.25
钢压延加工业	3.27	2.90	3.67	3.55	2.43	3.52
铁合金冶炼业	4.39	2.83	4.65	3.25	1.11	3.30
有色金属冶炼业	4.54	2.87	4.88	3.40	1.91	3.38
有色金属压延加工业	3.78	3.30	4.25	3.62	1.50	3.72
金属制品业	3.07	3.11	3.72	3.67	1.71	3.66
锅炉及原动机制造业	2.63	2.97	3.05	3.62	1.07	3.63
金属加工机械制造业	2.38	2.92	3.12	3.65	1.10	3.74
其他通用设备制造业	3.17	3.04	3.40	3.58	1.30	3.65
农林牧渔专用机械制造业	1.86	3.03	2.00	3.73	1.03	3.72

续表

行业	2002 年上游度	2002 年下游度	2007 年上游度	2007 年下游度	2012 年上游度	2012 年下游度
其他专用设备制造业	1.82	3.04	1.77	3.63	1.12	3.71
铁路运输设备制造业	2.54	3.01	2.52	3.76	1.02	3.77
汽车制造业	2.28	3.16	2.95	3.96	1.07	3.80
汽车零部件及配件制造业	3.84	3.12	3.84	3.12	1.66	3.79
船舶及浮动装置制造业	3.39	3.20	2.62	3.49	1.03	3.55
其他交通运输设备制造业	1.92	3.20	2.45	3.82	1.06	3.97
电机制造业	2.80	3.20	3.18	3.89	1.24	3.89
家用器具制造业	2.03	3.23	2.18	3.93	1.07	3.98
其他电气机械及器材制造业	3.31	3.21	3.61	3.82	1.04	3.89
通信设备制造业	1.91	3.35	2.16	4.11	1.06	3.93
电子计算机整机制造业	2.53	3.69	2.96	4.22	1.22	4.14
其他电子计算机设备制造业	3.52	3.40	3.52	3.40	1.22	4.14
电子元器件制造业	3.72	3.14	4.10	3.92	2.00	3.96
家用视听设备制造业	2.16	3.46	2.18	4.01	1.04	4.04
其他通信、电子设备制造业	2.29	3.22	2.57	3.47	1.05	3.67
仪器仪表制造业	3.09	2.93	3.67	3.66	1.18	3.71
文化、办公用机械制造业	2.95	3.49	3.06	4.15	1.01	4.06
工艺美术品制造业	1.77	2.95	2.61	3.38	1.05	3.56
其他工业	3.58	2.91	2.61	3.38	1.05	3.56
废品废料	4.88	1.00	5.26	1.38	1.24	2.69
电力、热力的生产和供应业	3.68	2.19	4.85	3.21	2.93	3.17
燃气生产和供应业	2.50	2.87	3.64	3.01	1.05	2.88
水的生产和供应业	3.05	2.22	3.48	2.58	1.03	2.58

数据来源：笔者根据 2002 年/2007 年和 2012 年中国细分投入产出表数据测度计算而得。

$$U_{ft}^{X}=\sum_{i=1}^{N}\frac{X_{fit}}{X_{ft}}U_{i} \qquad (式 4.27)$$

其中，$X_{ft}=\sum_{j=1}^{135}X_{fit}$ 代表该企业的总出口。其中权重是每个行业的出口份额，用来衡量属于该行业的产品出口对企业 f 总出口的重要性。

4.3 企业上游度的变化趋势

4.3.1 总体变化趋势

2000~2013年，中国企业上游度的均值为2.88，且呈现出先上升后下降的变化趋势。先从2000年的2.61上升到2007年的3.11，后下降至2012年的1.23，反映出2007年后中国企业出口中最终品占比不断提高的事实（见图4-1）。究其原因，一方面，正如Antràs和Gortari（2020）最新研究所指出的，考虑到运输成本和关税等原因，企业倾向于将价值链下游环节布局在最终消费国，中国作为主要消费国的事实可能是造成中国企业总体上游度下降的原因之一；另一方面，美国等一些国家的贸易关税政策以及中美贸易摩擦的升级导致中间品出口受阻，GVC许多环节转移到国内，从而导致GVC整体链条变短，上游度呈下降趋势（Antràs和Chor，2018）。正是如此，对于中国企业而言，GVC对于汇率冲击的缓冲作用可能趋于下降。

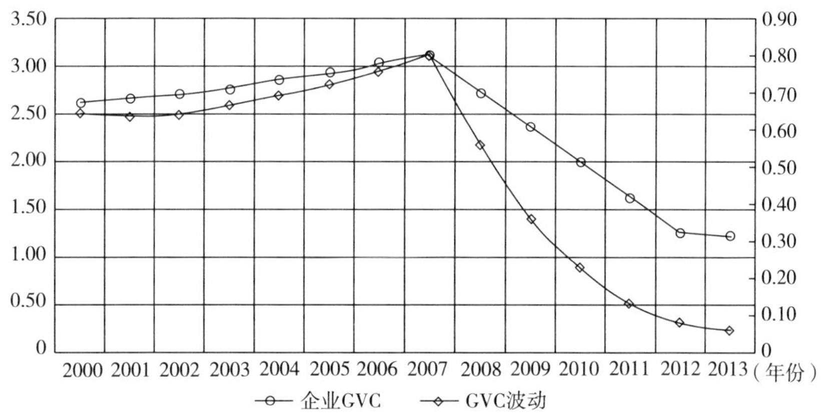

图4-1 2000~2013年中国企业上游度的总体趋势

图4-1显示，中国企业上游度差异与上游度总体趋势相一致，从2000年的0.64上升到2007年的0.81，后下降至2012年的0.06，企业间上游度差距正逐步缩小，说明上游度对企业的影响力具有广泛性，忽视企业上游度会导致出口汇率弹性估计值出现较大偏差。

4.3.2 分行业变化趋势

2000~2013 年，中国分行业企业上游度中大部分行业总体变化趋势与总趋势保持一致，呈现出先上升后下降的变化趋势，但每个行业变动的具体形式呈现差异，说明行业具有异质性，同时也证明了在进行回归检验中控制行业固定效应的必要性和有效性。从图 4-2 可以看出，与总趋势不同的是制糖业（行业 16）和肥料制造业（行业 38）上游度一直处于下降趋势，而石油加工等（行业 36）具有缓慢上升态势。究其原因，一方面，正如制糖业（行业 16）和肥料制造业（行业 38）这一类低端加工业其上游度上升空间狭小，且一直属于 GVC 低端；另一方面，石油加工等原材料资源行业随着技术的进步与发展，中国不再直接销售原材料，而是延长价值链形成初始产品后再出口，这也是引起石油加工等原材料资源行业在整体下降的大趋势下，保持上游度上升态势的原因。

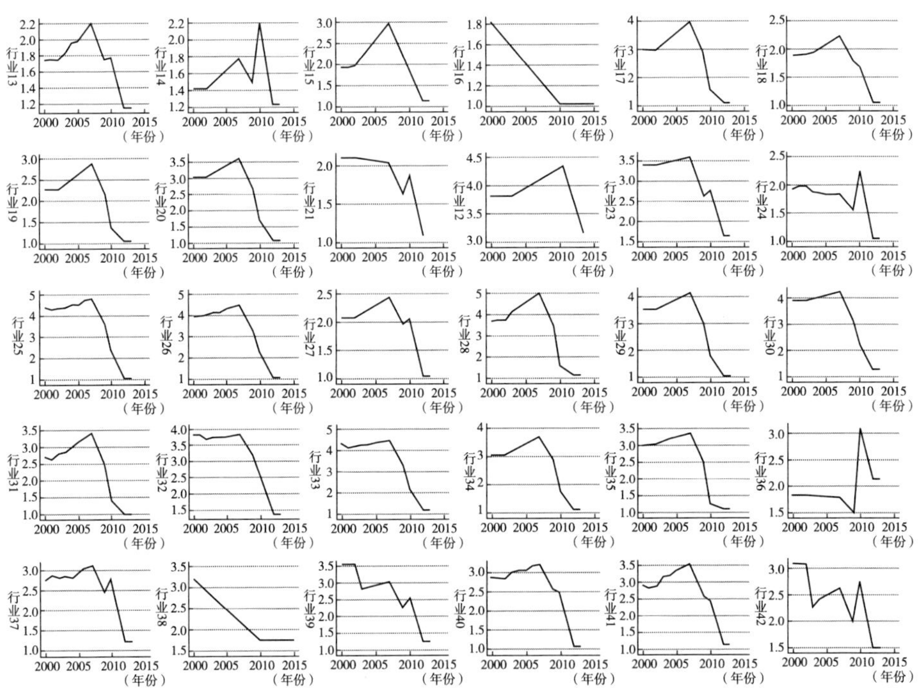

图 4-2　2000~2013 年分行业企业上游度趋势

4.3.3 分年度核密度分布

为了进一步判断中国企业 GVC 分工位置的分布函数，画出 2000~2013 年企业分年度GVC核密度分布图，从图4-3可以看出2000~2009年中国出口企业GVC分工位置基本属于正态分布，2010~2013年是右偏态分布。峰度是用来衡量相对于正态分布而言，数据分布是否为厚尾分布（张晓峒，2009；蔡瑞胸，2012），图4-3显示，2000~2009年中国出口企业GVC分工位置分布属于厚尾分布；而2010~2013年GVC分工位置分布属于尖峰分布。

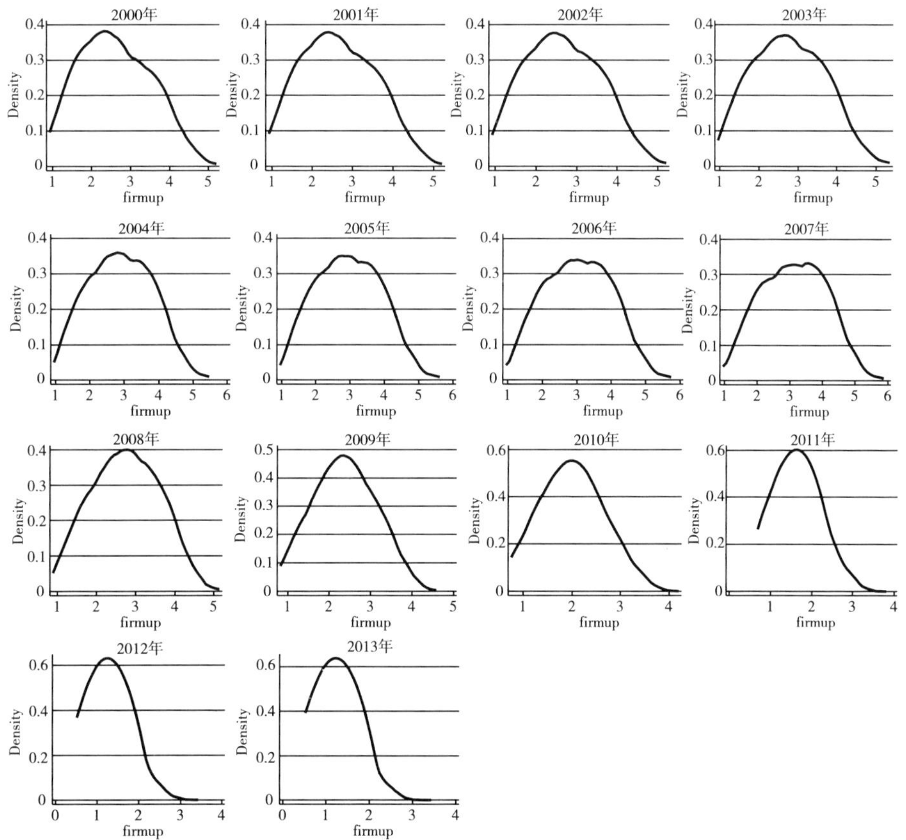

图4-3　分年度企业上游度的核密度分布

4.4　企业上游度的分布特征

4.4.1　企业上游度的行业分布特征

不同上游度的企业呈现出明显的资源禀赋差异，上游度高的企业主要分布在石油和天然气开采业（4.18）以及煤炭开采和洗选业（3.86）等资本密集型行业；相比之下，农林牧渔专用机械制造业、家具制造业、制糖业等劳动密集型行业的企业上游度较低。由于中国行业较多，故选取了 2000～2013 年年均上游度前五位和后五位的行业进行展示（见图 4-4）。

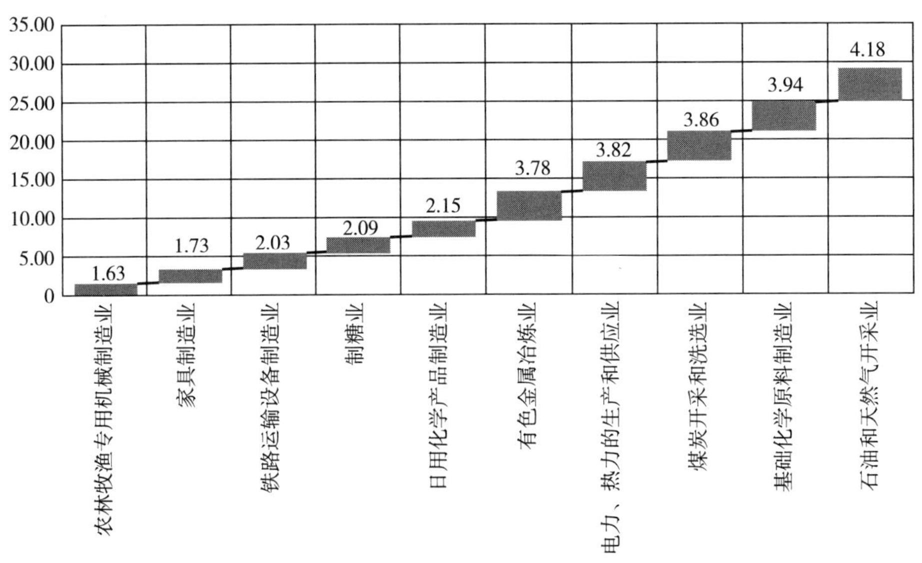

图 4-4　中国企业上游度与行业分布

注：累积柱状图，纵坐标表示累积值。

4.4.2　企业上游度与资本密集度

为了进一步明确企业上游度与企业资本密集度的关系，本书采用企业实际资本除以企业劳动力的对数形式来衡量资本密集度，并通过企业上游度与资本密集度散点图可以看出，上游度高的企业具有高资本密集度的特征（见图 4-5）。这一典型化事实为本书理论框架中提出上游度高的企业具有较高初始资本这一假设提供了现实依据；同时，不同上游度企业的行业差异意味着出口汇率弹性很可能表现出显著的行业异质性，进而影响到出口的价格和数量，故本书在实证检验中要考虑对行业特性的控制。

4.4.3　企业上游度与企业生产率

本书中理论推导中指出，上游度高的企业具有较高企业生产率，进而将

BMM模型扩展到企业GVC分工位置异质性视角。因此，为了明确企业上游度与企业生产率的关系，本书通过企业上游度与企业生产率散点图可以看出，上游度高的企业具有高企业生产率的特征（见图4-6）。这一典型化事实为本书理论框架中提出上游度高的企业具有较高企业生产率这一假设提供了现实依据。

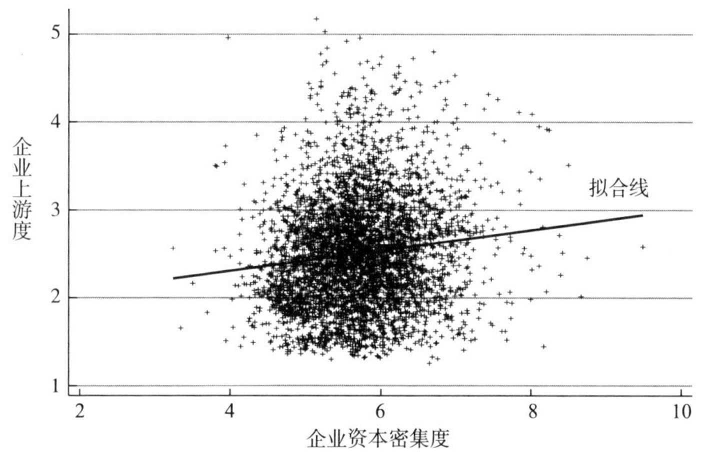

图4-5　企业上游度与资本密集度的散点图

注：以2006年截面数据为例，其他年份散点图也呈现企业上游度和资本密集度正向关系。

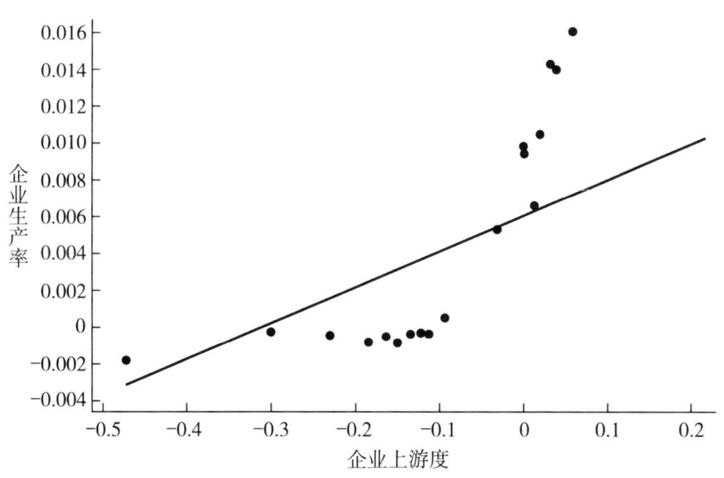

图4-6　企业上游度与企业生产率的散点图

进一步将企业分为龙头企业和非龙头企业后，与以上发现相呼应的是，无论是龙头企业还是非龙头企业，其企业上游度与企业生产率均密切相关，前面理论推导中指出，龙头企业通过生产率溢出效应影响非龙头企业的出口汇率弹性，如图 4-7 所示，龙头企业的上游度和生产率核密度发展变化趋势保持一致，并且龙头企业生产率高于非龙头企业（见图 4-8），这一典型化事实为龙头企业通过生产率溢出效应渠道影响非龙头企业这一假设提供了现实依据。

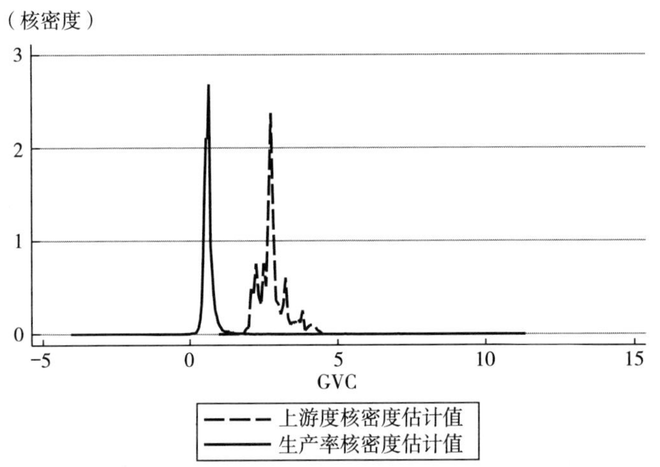

图 4-7　龙头企业上游度和生产率核密度估计

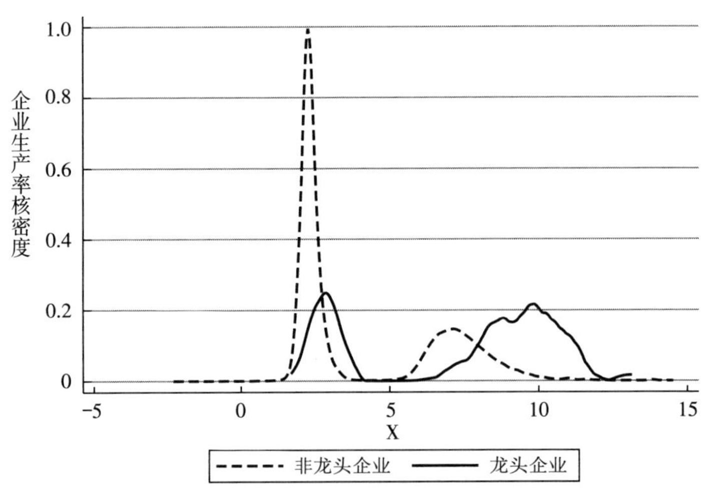

图 4-8　龙头企业和非龙头企业生产率核密度

4.5 企业上游度变化的异质性特征

为了进一步细化研究中国企业上游度，本书测算了不同分类标准下异质性企业上游度的变化趋势。

4.5.1 基于GVC类型

根据麦肯锡研究院的测算体系，基于要素投入、贸易强度等指标将GVC分为六类，其中生产型链条四类，分别为创新密集型GVC、资源密集型GVC、劳动密集型GVC以及区域生产型GVC。结合匹配数据样本，本书将按照生产型GVC进行异质性链条进行典型化事实描述（见图4-9）。创新密集型GVC和资源密集型GVC的上游度水平接近，位于劳动密集型GVC和区域生产型GVC上端，变化趋势区域基本保持一致。

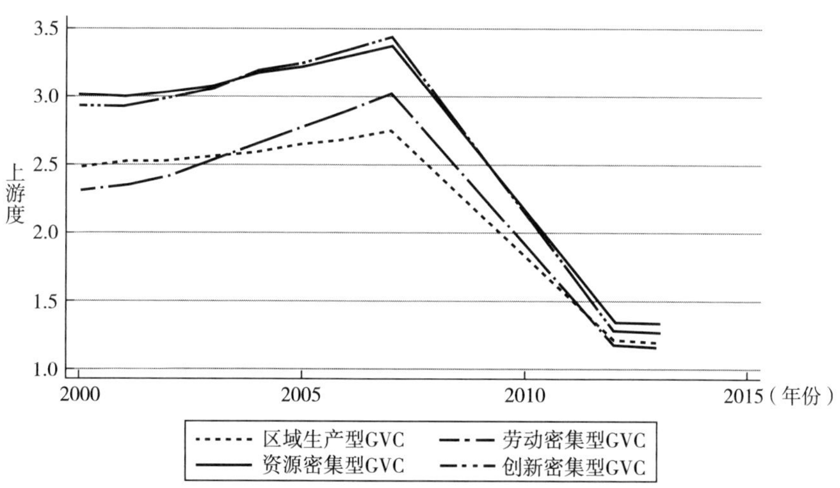

图4-9 不同GVC类型链条变化趋势

4.5.2 基于位置分位数

借鉴Berman等（2012）做法，将样本按照上游度十分位法进行分组上游度展示，选取Top10%、Top30%、Top50%、Top70%和Top90%上游度分别作为

GVC 分工位置高、中高、中等、中低和低水平的代表进行描述，如图 4-10 所示，分工位置越高的 GVC 链条随时间变化程度越大，而分工位置越低的 GVC 链条上游度相对变化越小。

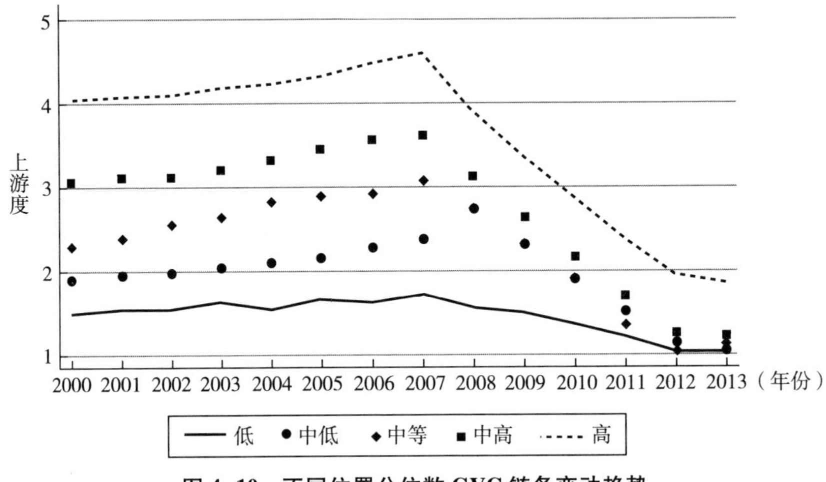

图 4-10 不同位置分位数 GVC 链条变动趋势

4.5.3 基于企业实力

如图 4-11 和图 4-12 所示，对比龙头企业和非龙头企业上游度变化趋势发现，龙头企业相对于非龙头企业上游度变化程度更大，进一步观察发现，龙头企业上游度对非龙头企业具有一定的引领作用，意味着龙头企业上游度对于非龙头企业而言具有前瞻性作用。

4.5.4 基于企业所有制

本书按照企业登记注册类型划分所有制，分为国有和集体企业、外资参与企业和私营企业这三个类型。从图 4-13 可以看出，私营企业 GVC 分工位置最高，平均为 2.50，可能得益于最近中国促进私营企业发展，促进其产业升级的利好消息及大众创业、万众创新等活动开展的原因。国有和集体企业次之，平均为 2.46。外资企业 GVC 分工位置最低，平均为 2.42，这可能与外资企业一般来自发达国家有关，外资企业一般将 GVC 分工位置高端的环节留在本国内，而将相对低端的劳动力密集型环节转移到中国后形成最终出口产品，并通过出口返销到发达国家。因此，外资企业出口产品均接近于最终产品，GVC 分工位置均相对较低。

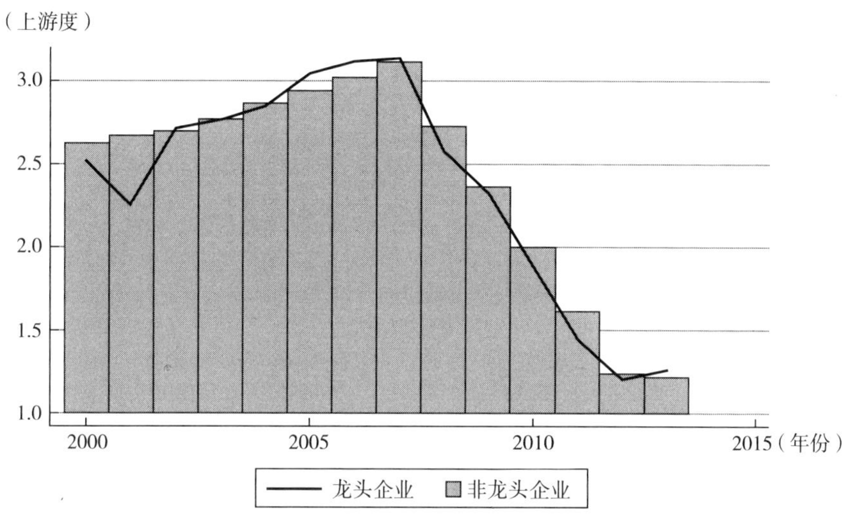

图4-11 龙头企业与非龙头企业上游度变化趋势

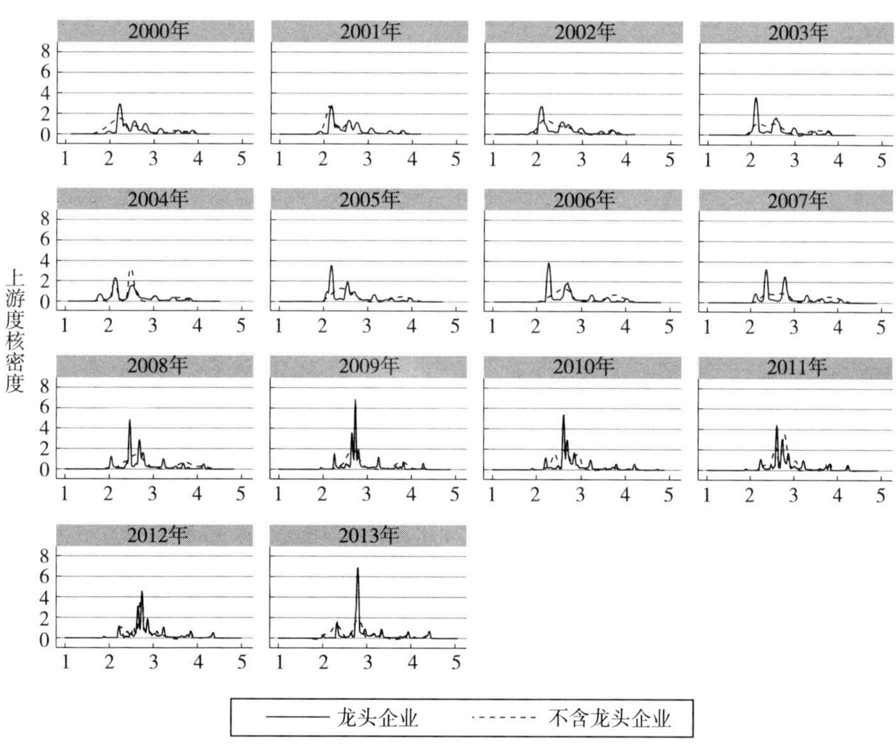

图4-12 分年度龙头企业与不含龙头企业上游度对比

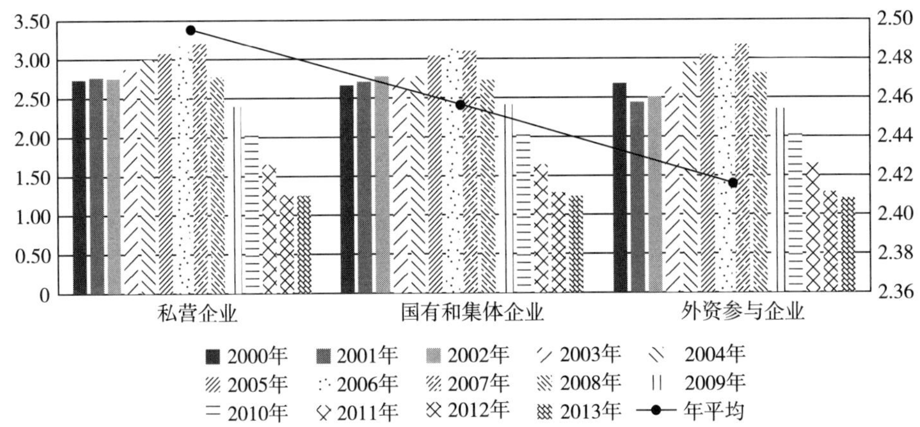

图 4-13　不同所有制企业上游度及其变动趋势

4.5.5　基于目的国收入水平

根据 IMF 提供的分类标准，本书将出口目的国按照收入水平分为低收入国家、中低等收入国家、中高等收入国家和高收入国家。如表 4-2 所示，出口到不同收入水平国家时，中国参与 GVC 分工位置存在差异。出口目的国收入水平越高，企业参与 GVC 分工位置越低，反观现实经济，也可以发现，中国企业在发达国家参与 GVC 分工时，一般处于 GVC 低端位置，而发达国家处于 GVC 相对高端的位置。同样地，面临低收入国家时，中国企业会处于 GVC 相对高端位置。但随着 GVC 的不断发展变化，这一差异正在不断缩小，中国企业全球价值链参与位置基于出口目的国收入水平存在的差异性从 2000 年到 2013 年呈现逐年缩小趋势。

表 4-2　出口到不同目的国时企业上游度的差异

年份	低收入国家		中低等收入国家		中高等收入国家		高收入国家	
	均值	方差	均值	方差	均值	方差	均值	方差
2000	2. 85	0. 74	2. 86	0. 79	2. 73	0. 81	2. 56	0. 80
2001	2. 93	0. 73	2. 90	0. 79	2. 76	0. 81	2. 58	0. 80
2002	2. 90	0. 73	2. 91	0. 79	2. 78	0. 81	2. 60	0. 80
2003	3. 01	0. 75	3. 00	0. 82	2. 87	0. 84	2. 70	0. 81

续表

年份	低收入国家		中低等收入国家		中高等收入国家		高收入国家	
	均值	方差	均值	方差	均值	方差	均值	方差
2004	3.08	0.78	3.11	0.84	2.98	0.85	2.81	0.82
2005	3.15	0.85	3.17	0.88	3.03	0.87	2.88	0.84
2006	3.21	0.87	3.24	0.92	3.11	0.90	2.97	0.86
2007	3.24	0.92	3.29	0.95	3.17	0.92	3.06	0.88
2008	2.79	0.76	2.86	0.78	2.77	0.76	2.69	0.73
2009	2.41	0.60	2.47	0.63	2.40	0.61	2.33	0.59
2010	1.95	0.46	2.06	0.49	2.01	0.47	1.98	0.46
2011	1.58	0.33	1.66	0.36	1.63	0.36	1.62	0.35
2012	1.22	0.25	1.27	0.27	1.26	0.27	1.25	0.28
2013	1.23	0.26	1.27	0.27	1.25	0.26	1.21	0.24

4.6 企业上游度与出口汇率弹性关系的初步描述

为了初步描述中国企业上游度与出口汇率弹性之间的相关性，参考Borin等（2017）的做法，基于定义对出口汇率弹性进行初步估算：出口量汇率弹性为$E_q=\Delta\ln Q_{ijkt}/\Delta\ln RER_{jt}$；出口价格汇率弹性为$E_p=\Delta\ln P_{ijkt}/\Delta\ln RER_{jt}$。通过计算发现，中国企业上游度与出口汇率弹性之间呈现明显的相关性，企业上游度与出口量汇率弹性（E_q）的相关系数为-0.006，与出口价格汇率弹性（E_p）的相关系数为0.030（见表4-3）。

表4-3　企业上游度与出口汇率弹性相关系数矩阵

	E_q	E_p	*GVC*
E_q	1	-0.157	-0.006
E_p	-0.157	1	0.030
GVC	-0.006	0.030	1

4.6.1 企业上游度与出口量汇率弹性

中国企业上游度与出口量汇率弹性之间呈现明显的相关性，图 4-14 使用聚类散点图描述了企业上游度与出口量汇率弹性的关系，可以看出，企业上游度与出口量汇率弹性呈明显的负相关关系，说明随着上游度的升高，出口量汇率弹性呈下降趋势。这一典型化事实为本书理论框架中的假设 1 提供了现实依据，从而初步判断出上游度与出口量汇率弹性之间的关系。

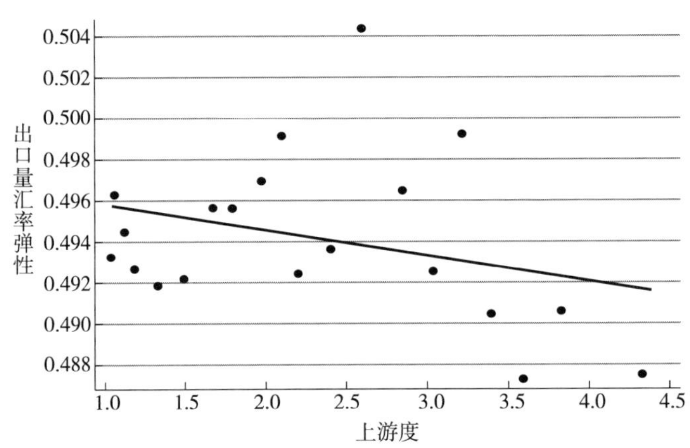

图 4-14 企业上游度与出口量汇率弹性聚类散点图

Gaubert 和 Itskhoki（2018）揭示一个行业的出口比较优势可以由出口最大的龙头企业创造。采用比较优势法比较龙头企业的出口量汇率弹性与非龙头企业的出口量汇率弹性（见图 4-15 左图）可以发现，龙头企业的出口量汇率弹性更小，说明去除龙头企业会降低出口应对汇率风险的能力。

4.6.2 企业上游度与出口价格汇率弹性

中国企业上游度与出口价格汇率弹性之间呈现明显的相关性。图 4-16 使用聚类散点图分别描述了企业上游度出口价格汇率弹性的关系，可以看出，企业上游度与出口价格汇率弹性显著正相关，说明随着上游度的升高，出口价格汇率弹性呈上升趋势；这一典型化事实为本书理论框架中的假设 2 提供了现实依据，从而初步判断出上游度与出口价格汇率弹性之间的关系。

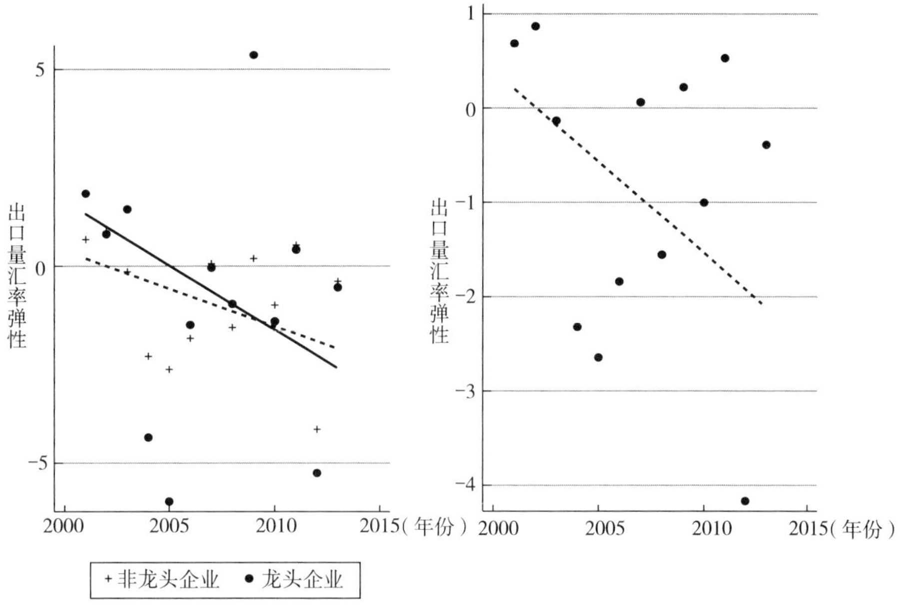

图4-15 龙头企业上游度和非龙头企业上游度与出口量汇率弹性关系的对比

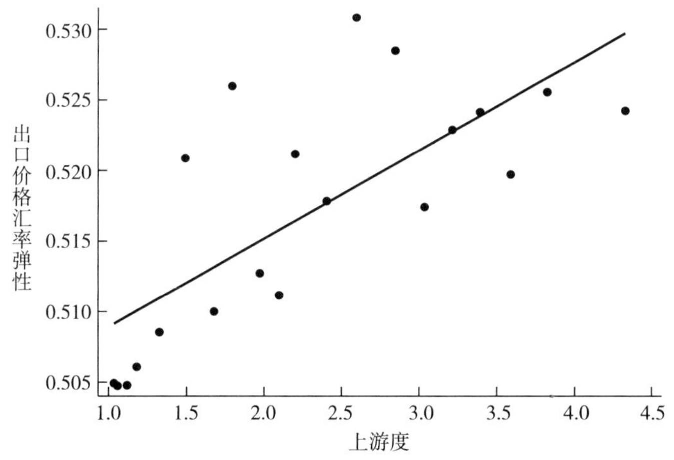

图4-16 企业上游度与出口价格汇率弹性聚类散点

同理，采用比较优势法比较龙头企业的出口价格汇率弹性与非龙头企业的出口价格汇率弹性（见图4-17）可以发现，2000~2013年龙头企业在面临汇率变动时，出口价格汇率弹性呈上升趋势；在剔除龙头企业之后，企业的出口价格汇率弹性表现出平中有降的趋势，表明龙头企业的出口价格汇率弹性波动更大，在调整出口价格方面具有比较优势，再次证明了龙头企业相对于非龙头企业面临汇率变动具有更强的应对能力。

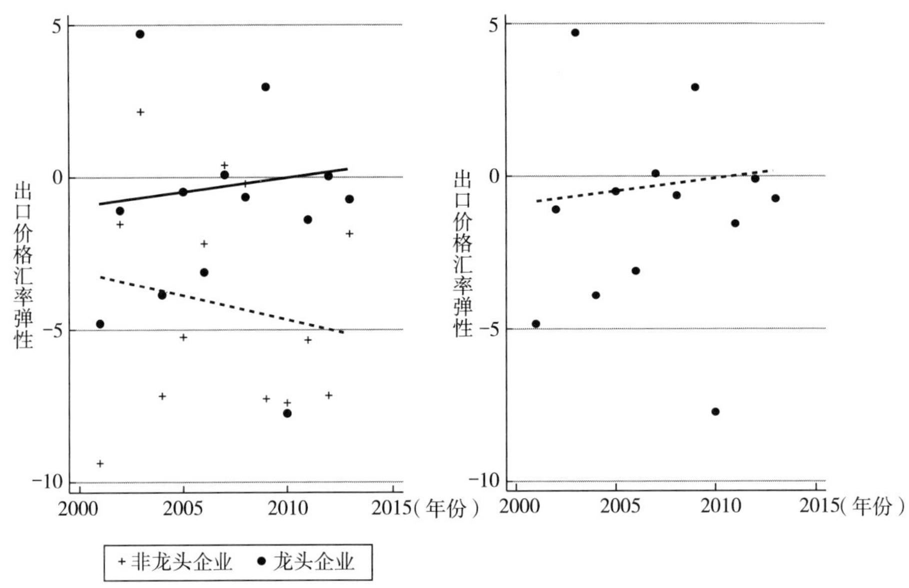

图 4-17　龙头企业上游度和非龙头企业上游度与出口价格汇率弹性关系的对比

4.7　本章小结

本章主要定量测算并分析了研究所需的核心变量——中国企业 GVC 分工位置（上游度），并初步描述分析企业上游度与出口汇率的相关关系，获得事实统计结论，为实证检验做好数据准备：

首先，数据的处理、筛选和匹配工作。本书使用 2000～2013 年的工业企业数据、海关贸易数据、中国细分投入产出表和世界投入产出表，经过筛选和匹配等数据处理步骤以后，得到本书实证研究所需要的样本数据库，共包括 9969892 个样本。

其次，借鉴 Antràs 等（2012）的测算模型，使用企业上游度作为衡量 GVC 分工位置的重要指标，详细地叙述了企业上游度测算模型、经济学含义以及封闭经济向开放经济的调整，这一调整非常重要，保证了本书使用中国细分投入产出表计算出的企业上游度适合开放经济条件下的结果。分析了全样本企业、异质性链条和异质性企业的生产上游度变化趋势。同时分析了企业上游度与资本密集度、企业上游度与企业生产率的关系，这主要是为前面理论假设中资源禀赋决定企业嵌入GVC分工位置，且上游企业多为资源密集型和高生产率企业提供现实依据。从总体上看，2000~2013年中国企业上游度呈现先上升后下降趋势。从链条的异质性来看，GVC上端链条变化程度大于GVC下端链条；创新密集型GVC和资源密集型GVC的上游度高于劳动密集型GVC和区域生产型GVC。从企业的异质性来看；龙头企业上游度变化程度大于非龙头企业上游度变化程度；私营企业的上游度最高，依次为国有企业和集体企业，外资企业最低；出口产品到高收入国家的企业，其嵌入全球价值链位置较低，说明中国企业在发达国家主导的GVC分工体系中处于相对下游位置。

最后，初步描述GVC分工位置与出口汇率弹性的结果揭示：中国企业上游度与出口汇率弹性之间呈现明显的相关性，企业上游度与出口量汇率弹性呈明显的负相关关系，说明随着上游度的升高，出口量汇率弹性呈下降趋势；企业上游度与出口价格汇率弹性显著正相关，说明随着上游度的升高，出口价格汇率弹性呈上升趋势；这一典型化事实为本书理论框架中的假设1和假设2提供了现实依据，从而初步判断出上游度与出口汇率弹性之间的关系。进一步将企业分为龙头企业和非龙头企业后发现，2000~2013年龙头企业在面临汇率变动时，出口量汇率弹性呈明显下降趋势，出口价格汇率弹性则呈上升趋势；在剔除龙头企业之后，企业的出口量汇率弹性虽然仍呈现出下降趋势，但下降程度明显低于龙头企业，出口价格汇率弹性更是表现出平中有降的趋势，二者的联动现象表明龙头企业是各行业出口模式的引领者和创造者，为后面龙头企业GVC分工位置影响非龙头企业的出口汇率弹性提供了现实依据。

第 5 章　GVC 分工位置对出口汇率弹性的影响检验

根据构建的理论框架和典型化事实，从本章开始对理论框架中提出的假设进行实证检验。本章的主要任务是实证检验 GVC 分工位置对企业出口弹性的影响，并对理论假设 1、假设 2 和假设 3 做出判断。同时，本章将企业出口汇率弹性解构为企业出口量汇率弹性和出口价格汇率弹性不仅是简单形式上的细化分解，而且是找出处于不同 GVC 分工位置的企业面对汇率变动时背后的调整机制。面对汇率变动时，企业面临三种动态调整模式：一是同时增大（或减小）出口量汇率弹性和出口价格汇率弹性；二是增大出口量汇率弹性；减少出口价格汇率弹性；三是减小出口量汇率弹性；增大出口价格汇率弹性；处于不同 GVC 分工位置企业面对汇率变动时的动态调整机制是本章关注的重点。

5.1　GVC 分工位置是否影响出口汇率弹性

本书首先建立基准回归模型，采用固定效应模型进行计量检验，其次使用 2SLS 估计处理模型的内生性问题，最后通过替代核心变量、部分样本回归等方法完成稳健性检验。

5.1.1　基准回归

5.1.1.1　变量选取与基准模型设定

5.1.1.1.1　被解释变量

（1）产品出口量（*Quantity*）：采用企业出口产品数量的对数差分形式表示，数据来自中国海关数据库。

（2）产品出口价格（*Unit value*）：以企业出口产品价格的对数差分形式表示，并借鉴 Li 等（2015）使用单位产品价格作为实际价格的代理变量，其计算公式为：$Unit\ value_{ijkt}=Total\ value_{ijkt}/Quantity_{ijkt}$，$Total\ value_{ijkt}$ 表示出口额（以人民币计价），数据来自中国海关数据库。

5.1.1.1.2　解释变量

（1）双边实际汇率（*RER*）。与许多文献采用实际有效汇率不同，本书更适合采用双边实际汇率。具体而言，实际汇率反映了两个国家之间的汇率关系，而实际有效汇率是一国货币与所有贸易伙伴国货币汇率的加权平均汇率，即实际有效汇率$=\sum$汇率×贸易权重，是考虑一揽子货币后按贸易额加权平均后得到的结果。由于本书的研究对象是分出口目的国的双边贸易，因此不适合采用实际有效汇率，而是更适合采用双边实际汇率，其计算公式为 $RER_{jt}=NER_{jt}\times CPI_{jt}/CPI_{chnt}$，其中，$NER_{jt}$ 是 t 年双边名义汇率；CPI_{jt} 是同期 j 国 CPI 指数；CPI_{chnt} 为同期中国 CPI 指数；双边名义汇率和 CPI 指数原始数据来源于 IMF，且 CPI 指数均折算成以 2010 年为基期，得到双边实际汇率再进行对数差分处理后代入方程。

（2）双边实际汇率滞后期（RER_{t-1}）。考虑到汇率的滞后性和动态性，本书还引入了滞后一期的双边实际汇率，采用其对数差分形式代入方程。Gopinath 和 Burstein（2014）指出，一般情况下，应将滞后二期的汇率加入回归，系数作为长期出口汇率弹性指标，然而对中国样本数据的研究已经发现，中国汇率变动不存在明显的 J 曲线效应，且滞后效应较短，一般为 6~18 个月（Li 等，2015），故本书只加入滞后一期汇率来分析长期出口汇率弹性。

（3）企业 GVC 分工位置（*GVC*）。采用计算得出的企业上游度的对数形式。

5.1.1.1.3　控制变量

本书选择国家和企业两个层面的控制变量。其中，国家层面的控制变量使用出口目的国 GDP 的对数差分形式（*GDP*）。原始数据来源于 IMF，并使用 2010 年为基期的 CPI 进行平减处理，得到可以代表实际购买力的 GDP；借鉴 Fatum 等（2018）方法加入金融危机时间虚拟变量（*T*）作为控制变量，2008~2009 年表示为金融危机设为 1，其他年份设为 0。企业层面主要参考 Li 等（2015）做法，加入企业规模（*Scale*，企业销售额对数化）、企业利润率（*Profitr*，企业利润与企业产值的比值）、企业出口产品数量（*KNUM*）和企业出口目的国数量（*JNUM*）等控制变量。上述主要变量的描述性统计如表 5-1 所示。

表 5-1　主要变量的描述性统计

变量	观测值	均值	方差	最大值	最小值	偏度	峰度
Quantity	3495959	0.02	1.74	14.53	-14.53	0.03	7.70

续表

变量	观测值	均值	方差	最大值	最小值	偏度	峰度
Unit value	3495959	0.07	0.68	12.39	-12.39	0.21	24.78
RER	3495439	-0.03	0.11	0.58	-8.55	-29.86	1372.92
RER_{t-1}	1354451	-0.03	0.10	0.58	-4.80	-28.83	1336.55
GVC	9969892	0.74	0.43	1.68	0.01	-0.05	1.85
GDP	3127667	0.01	0.10	0.57	-1.24	-1.12	9.01
Scale	4365423	11.50	1.51	19.27	0.00	0.70	4.05
Profitr	4364466	0.16	0.36	2.20	-0.40	3.59	18.89
T	9969892	0.24	0.43	1	0	1.21	2.46
KNUM	9969892	5.56	5.53	18	1	1.27	3.28
JNUM	9969892	10.61	9.77	30	1	0.84	2.36

5.1.1.1.4 基准模型设定

基准模型中出口额、出口价格、出口量以及实际汇率等核心变量采用对数化差分形式。基准模型设置如下：

$$\Delta \ln X_{ijkt}=\alpha+[\beta_1+\beta_2\ln GVC_{it}]\Delta \ln RER_{jt}+[\beta_3+\beta_4\ln GVC_{it}]\Delta \ln RER_{jt-1}+\beta_5\ln GVC_{it}+\gamma_1 M_{jt}+\gamma_2 B_{it}+\gamma_3 T+\varphi_{ijk}+\eta_t+\varepsilon_{ijkt} \quad (式 5.1)$$

其中，下标 i 表示中国出口企业，j 表示出口目的国，k 表示产品 HS 六位码，t 表示时间。X_{ijkt} 既可以是出口价格（$Unit\ value_{ijkt}$），也可以是出口量（$Quantity_{ijkt}$），用 M_{jt} 控制国家层面随时间变化的特征，这里主要是控制出口目的国的 GDP。B_{it} 控制企业层面随时间变化的特征，这里主要是控制企业规模、企业利润率、企业出口产品数量和企业出口目的国数量。T 是金融危机时间虚拟变量。为保证结果的稳健性，加入企业—目的国—产品层面的联合固定效应① φ_{ijk} 和时间固定效应 η_t。从经济学意义上讲，系数 β_1 和 β_3 分别表示出口的短期出口汇率弹性和长期出口汇率弹性，系数 β_2 和 β_4 分别表示企业上游度对短期出口汇率弹性和长期出口汇率弹性的影响。

5.1.1.2 基准回归结果

Hausman 检验结果显示，p 值通过了 1%的显著性检验，即拒绝随机效应模型更合适的原假设。因此，本书使用固定效应回归模型分别检验上游度对出口量

① 本书中模型控制了企业—出口国—产品联合固定效应和时间固定效应，其中，企业—出口国—产品联合固定效应在一定程度上可以达到控制行业固定效应的效果，因此没有再单独控制行业固定效应，否则会发生共线，并在回归过程中被自动删除。

汇率弹性和出口价格汇率弹性的影响，估计结果见表 5-2。

表 5-2 基准回归结果

	产品出口量(1)	产品出口价格(2)	产品出口量(3)	产品出口价格(4)	产品出口量(5)	产品出口价格(6)
RER	0. 274*** (6. 44)	0. 178*** (12. 21)	0. 270** (2. 52)	0. 089** (2. 42)	0. 252** (2. 36)	0. 085** (2. 31)
GVC×RER			-0. 265** (-2. 43)	0. 046 (1. 23)	-0. 244** (-2. 249)	0. 049 (1. 33)
$GVC×RER_{t-1}$			-0. 208* (-1. 84)	0. 122*** (3. 15)	-0. 220* (-1. 95)	0. 122*** (3. 16)
GVC			0. 001 (0. 04)	0. 038*** (3. 42)	0. 014 (0. 44)	0. 038*** (3. 44)
RER_{t-1}	0. 129*** (2. 87)	0. 099*** (6. 38)	0. 209** (1. 97)	-0. 017 (-0. 48)	0. 195* (1. 84)	-0. 019 (-0. 51)
GDP			0. 354*** (7. 22)	0. 051*** (3. 02)	0. 328*** (6. 71)	0. 051*** (3. 05)
Scale					0. 139*** (16. 56)	0. 024*** (8. 16)
Profitr					0. 022** (1. 99)	0. 003 (0. 89)
T					-0. 800*** (-49. 62)	0. 022*** (3. 89)
KNUM					0. 041*** (23. 53)	-0. 002** (-2. 56)
JNUM					0. 044*** (42. 63)	-0. 001*** (-3. 52)
企业—目的国—产品	是	是	是	是	是	是
时间固定效应	是	是	是	是	是	是
观测值	1354451	1354451	1215650	1215650	1215650	1215650
R^2	0. 011	0. 007	0. 011	0. 007	0. 017	0. 007

注：括号内数字为变量的 *t* 统计值，* 表示 p<0. 10，** 表示 p<0. 05，*** 表示 p<0. 01。下同。

表 5-2 中的第（1）～（2）列是基础方程，解释变量为双边实际汇率。结果显示，出口量的汇率弹性为 0.274，表示汇率每下降 1%，就有 0.274%汇率变动可以通过出口量的变化被加以吸收；出口价格的汇率弹性为 0.178，表示汇率每下降 1%，被价格变化吸收的部分为 0.178%；出口量和出口价格的长期出口汇率弹性分别为 0.129 和 0.099。

第（3）～（4）列是在基础方程上加入企业上游度，考察企业上游度对出口汇率弹性的影响，同时加入宏观控制变量。第（3）列显示，上游度对短期出口量汇率弹性和长期出口量汇率弹性均会产生显著负向影响；企业上游度每增加 10%，短期出口量的汇率弹性下降 2.65%，长期出口量的汇率弹性下降 2.08%。说明企业上游度越高，出口量的汇率弹性越小，验证了理论假设 1；当考虑上游度对出口价格的汇率弹性影响时，如第（4）列所示，上游度对长期出口价格汇率弹性产生显著正向影响，对短期出口价格汇率弹性影响不显著；企业上游度每增加 10%，长期出口价格的汇率弹性上升 1.22%，与理论假设 2 相符。

第（5）～（6）列是在前面方程的基础上又加入企业控制变量后的基准回归。结果显示：企业上游度越高，出口量的汇率弹性越小，出口价格的汇率弹性越大，再次验证了理论假设 1 和假设 2，表明企业上游度对出口汇率弹性的影响具有稳健性，既不受国家异质性影响，也不受企业异质性的影响；新加入的企业控制变量仅对出口价格和出口数量产生影响。

通过分析，本书发现：①在没有考虑 GVC 的情况下，中国企业出口价格和出口量的汇率弹性均较小，说明汇率与企业出口之间存在弱相关现象。②随着 GVC 分工位置的攀升，企业出口价格的汇率弹性会提高，而出口量的汇率弹性会降低，这一结论在长期出口汇率弹性中更显著。中国企业向 GVC 高端攀升，汇率变动对出口的影响将逐渐缩小，提升企业的 GVC 分工位置是应对汇率变动的有效措施。③汇率变动对不同上游度企业的出口价格和出口量影响呈现很大的差异性。上游度不同的企业在面临汇率变动时，表现出不同的调价模式，背后的驱动机制也不尽相同。具体而言，人民币升值期间，上游度高的企业通过更大程度地减少成本加成，从而更多地降低出口价格，同时稳定出口量；人民币贬值期间，上游度高的企业更倾向于提高成本加成，将人民币贬值带来的价格优势更多地变为成本加成，而非盲目扩大企业出口量。相对于下游企业的“随波逐流”，上游企业表现出“逆流而上”，相机抉择地主动调节出口价格，从而降低汇率变动风险带来的负面影响。

5.1.2 内生性处理

考虑到企业上游度与出口汇率弹性二者间可能存在内生性问题，本书采用工具变量和滞后一期两种方法来解决内生性问题。一是引入上游度的工具变量，即同行业企业上游度的平均水平，采用 2SLS 解决内生性问题。表 5-3 中第（1）~（2）列结果表明，上游度对出口价格和出口量汇率弹性的影响方向和显著性均与基准方程保持一致。二是将上游度的滞后一期作为解释变量进行内生性检验。表 5-3 中第（3）~（4）列结果表明，上游度滞后一期对出口价格的汇率弹性影响显著为正，对出口量的汇率弹性影响为负但并不显著；考虑上游度是企业的内在特性，说明上游度可能存滞后效应，且对出口价格汇率弹性的影响大于出口量汇率弹性。

表 5-3 内生性检验

	工具变量		滞后一期	
	产品出口量 (1)	产品出口价格 (2)	产品出口量 (3)	产品出口价格 (4)
RER	0.224** (2.09)	0.081** (2.20)	0.243** (2.00)	0.102** (2.44)
GVC×RER	-0.213* (-1.95)	0.054 (1.43)	-0.225* (-1.90)	0.024 (0.61)
$GVC \times RER_{t-1}$	-0.211* (-1.87)	0.124*** (3.19)	-0.118 (-1.14)	0.108*** (3.05)
GVC	0.196** (2.44)	0.063** (2.30)	0.019 (0.58)	0.037*** (3.32)
RER_{t-1}	0.181* (1.71)	-0.021 (-0.57)	0.108 (1.07)	-0.008 (-0.22)
控制变量	是	是	是	是
企业—目的国—产品	是	是	是	是
时间固定效应	是	是	是	是
观测值	754141	754141	1215650	1215650
R^2/F	469.658	185.637	0.017	0.007

5.1.3 稳健性检验

5.1.3.1 变量替代

本书采用分别采用更换测度方法和设置虚拟变量两种方法对企业上游度进行

稳健性检验。一是借鉴 Ju 和 Yu（2015）更换了上游度的测度方法，得到企业上游度 GVC_{it}^2。表 5-4 中第（1）~（2）列结果显示，企业上游度对出口汇率弹性的影响仍然十分显著；上游度高的企业出口量的汇率弹性更小，出口价格的汇率弹性更大；与基准模型结论保持一致，证实了结论的稳健性。二是为了进一步明晰上游度对出口汇率弹性影响的经济学意义，我们按照企业上游度大小进行三等分，分别赋值-1、0、1 来表示低、中、高上游度；将上游度虚拟变量代入方程进行稳健性检验。表 5-4 中第（3）~（4）列结果显示，企业上游度对短期出口量汇率弹性影响显著；上游度对长期出口价格汇率弹性影响显著，说明上游度对于出口价格汇率弹性的影响有一定的滞后效应，再次检验了上游度高的企业出口量的汇率弹性更小，出口价格的汇率弹性更大这一结论。

表 5-4　稳健性检验（变量替代与样本更换）

	替代变量		虚拟变量		样本更换	
	产品出口量 （1）	产品出口价格 （2）	产品出口量 （3）	产品出口价格 （4）	产品出口量 （5）	产品出口价格 （6）
RER	0. 239** （2. 13）	0. 037 （0. 95）	0. 031 （0. 53）	0. 126*** （6. 23）	0. 280** （2. 22）	0. 139*** （3. 07）
GVC×RER	−0. 212** （−2. 01）	0. 095*** （2. 61）	−0. 125*** （−2. 79）	−0. 004 （−0. 27）	−0. 346*** （−2. 70）	0. 006 （0. 14）
$GVC \times RER_{t-1}$	−0. 184* （−1. 736）	0. 155*** （4. 24）	−0. 071 （−1. 534）	0. 057*** （3. 55）	−0. 15 （−1. 06）	0. 118** （2. 34）
GVC	0. 007 （0. 24）	0. 004 （0. 41）	0. 021*** （2. 72）	−0. 005* （−1. 94）	−0. 052 （−1. 17）	0. 057*** （3. 54）
RER_{t-1}	0. 185* （1. 68）	−0. 063* （−1. 67）	0. 004 （0. 09）	0. 090*** （5. 41）	0. 186 （1. 46）	0. 028 （0. 62）
控制变量	是	是	是	是	是	是
企业—目的国—产品	是	是	是	是	是	是
时间固定效应	是	是	是	是	是	是
观测值	1215121	1215121	1215650	1215650	1050963	1050963
R^2	0. 017	0. 007	0. 017	0. 007	0. 019	0. 007

5. 1. 3. 2　样本更换

2005 年汇率改革之前，双边实际汇率的波动主要反映两国 CPI 指数的波动而不是名义汇率的波动；为了体现名义汇率变动对出口的影响，采用汇改之后的子样本进行稳健性检验，这一时期的双边实际汇率既体现了双边名义汇率变动也体现了双边 CPI 波动的情况。表 5-4 中第（5）~（6）列结果显示，企业上游度对出口汇率弹性的异质性影响保持稳健性。

5.1.3.3 人民币跨境结算

考虑到人民币跨境结算问题，本书采用两种方式进行稳健性检验：一是对结算方式进行更改；二是使用人民币跨境结算时间虚拟变量。中国自 2009 年 7 月开始逐步推广人民币跨境结算，截至 2013 年人民币跨境结算主要涉及国家和地区为中国香港（74%）、新加坡（13%）、瑞士（5%）、中国澳门（2%）等。在本书样本中，中国香港始终使用人民币结算方式，其他国家与地区除新加坡以外，人民币跨境结算总体占比仍然较低，为了检验人民币跨境结算问题是否影响本书的基准结果，本书将新加坡的贸易结算方式更改为人民币，见表 5-5 中第（1）~（2）列。结果显示，企业上游度对出口汇率弹性的影响仍然十分显著，证实了结论的稳健性。第二种是设置人民币跨境结算时间虚拟变量，将 2009 年以后逐步推广人民币跨境结算方式，作为时间虚拟变量设置为 1，其他为 0，表 5-5 中第（3）~（4）列结果显示，主要变量的显著关系仍然保持不变，再次证实了基准回归结果的稳定性。

表 5-5 稳健性检验（考虑人民币结算）

	更改结算方式		考虑人民币结算时间	
	产品出口量 (1)	产品出口价格 (2)	产品出口量 (3)	产品出口价格 (4)
RER	0.248** (2.33)	0.089** (2.43)	0.252** (2.36)	0.085** (2.31)
GVC×RER	-0.255** (-2.352)	0.048 (1.28)	-0.244** (-2.249)	0.049 (1.33)
$GVC\times RER_{t-1}$	-0.209* (-1.851)	0.124*** (3.19)	-0.220* (-1.948)	0.122*** (3.16)
GVC	0.014 (0.43)	0.038*** (3.44)	0.014 (0.44)	0.038*** (3.44)
RER_{t-1}	0.191* (1.81)	-0.019 (-0.53)	0.195* (1.84)	-0.019 (-0.51)
控制变量	是	是	是	是
企业—目的国—产品	是	是	是	是

续表

	更改结算方式		考虑人民币结算时间	
	产品出口量 (1)	产品出口价格 (2)	产品出口量 (3)	产品出口价格 (4)
时间固定效应	是	是	是	是
观测值	1215650	1215650	1215650	1215650
R^2	0.017	0.007	0.017	0.007

5.1.4 异质性分组检验

5.1.4.1 基于企业上游度分位数

考虑到不同水平上游度对出口汇率弹性的影响可能存在差异，将上游度不同分位数作为分组依据进行分组检验，本书借鉴 Berman 等（2012）做法，将样本按照上游度十分位法进行分组，选取 Top60%和 Top40%分别作为上游度中等和上游度高等水平的代表样本进行分组检验，每一个子样本中都包含了上游度最高的那个子样本的数据。表 5-6 结果显示：随着企业上游度的升高，对长期出口量的汇率弹性影响也随之增大，全样本组系数为-0.220，中等水平组系数为-0.326，高等水平组系数为-0.897。

表 5-6 不同上游度水平的分组考察

	全样本		中等水平		高等水平	
	产品出口量 (1)	产品出口价格 (2)	产品出口量 (3)	产品出口价格 (4)	产品出口量 (5)	产品出口价格 (6)
RER	0.252** (2.36)	0.085** (2.31)	0.113 (0.56)	-0.167** (-2.452)	0.645 (1.57)	-0.234* (-1.68)
GVC×RER	-0.244** (-2.25)	0.049 (1.33)	-0.175 (-0.98)	0.237*** (3.90)	-0.579* (-1.75)	0.309*** (2.76)
$GVC \times RER_{t-1}$	-0.220* (-1.95)	0.122*** (3.16)	-0.326* (-1.77)	0.300*** (4.80)	-0.897*** (-2.73)	0.277** (2.50)
GVC	0.014 (0.44)	0.038*** (3.44)	0.042 (0.67)	0.127*** (6.00)	-0.476*** (-3.60)	0.300*** (6.71)
RER_{t-1}	0.195* (1.84)	-0.019 (-0.51)	0.231 (1.16)	-0.248*** (-3.66)	0.893** (2.27)	-0.290** (-2.18)
控制变量	是	是	是	是	是	是
企业—目的国—产品	是	是	是	是	是	是

续表

	全样本		中等水平		高等水平	
	产品出口量 (1)	产品出口价格 (2)	产品出口量 (3)	产品出口价格 (4)	产品出口量 (5)	产品出口价格 (6)
时间固定效应	是	是	是	是	是	是
观测值	1215650	1215650	839451	839451	536882	536882
R^2	0.017	0.007	0.019	0.009	0.018	0.012

5.1.4.2 基于企业所有权

将企业按照是否有外资参与，将其分为外资企业与非外资企业两个组。一般认为，外资企业的出口很大程度可能是企业内贸易，其出口产品的价格不能完全体现市场定价，表现出对汇率变动的不敏感。表 5-7 结果显示，外资企业中出口价格和出口量对汇率变动均不敏感，上游度对出口汇率弹性的影响也不显著，与本书的假设一致。

表 5-7 不同性质企业的分组考察

	非外资企业		外资企业	
	产品出口量	产品出口价格	产品出口量	产品出口价格
RER	0.248** (2.27)	0.103*** (2.74)	-1.023 (-1.43)	-0.027 (-0.11)
GVC×RER	-0.243** (-2.20)	0.029 (0.76)	1.473** (2.10)	0.078 (0.32)
$GVC \times RER_{t-1}$	-0.232** (-2.02)	0.118*** (2.98)	0.687 (1.06)	0.208 (0.92)
GVC	0.019 (0.57)	0.034*** (3.04)	-0.705** (-2.157)	0.085 (0.74)
RER_{t-1}	0.216** (2.00)	-0.012 (-0.33)	-1.159* (-1.78)	-0.187 (-0.83)
控制变量	是	是	是	是
企业—目的国—产品	是	是	是	是
时间固定效应	是	是	是	是
观测值	1169166	1169166	18418	18418
R^2	0.017	0.007	0.022	0.018

5.1.4.3 基于汇率变动程度

为了考察在汇率不同波动下，上游度对企业出口汇率弹性影响程度的差异。本书将2008~2009年金融危机时期定义为汇率变动剧烈期，通过比较汇率变动剧烈期与平常时期企业上游度对出口汇率弹性的影响系数，研究企业上游度对出口汇率弹性影响在汇率变动不同程度下的差异性。表5-8结果显示，汇率剧烈波动期，企业上游度对出口量短期出口汇率弹性的影响（-1.629）和出口量长期出口汇率弹性的影响（-0.574）均显著大于总体样本期间；企业上游度对出口价格短期出口汇率弹性的影响（0.247）和出口价格长期出口汇率弹性的影响（0.444）也显著大于总体样本期间；表明在汇率剧烈波动期间，GVC分工位置对出口汇率弹性的影响更加显著，也就意味着面临汇率剧烈波动时，GVC上游企业和下游企业在调整企业出口方面的异质性更加明显。

表 5-8 不同汇率变动程度的分组考察

	样本总期间		汇率变动剧烈期	
	产品出口量	产品出口价格	产品出口量	产品出口价格
RER	0.252**	0.085**	1.581***	-0.001
	(2.36)	(2.31)	(5.23)	(-0.01)
GVC×RER	-0.244**	0.049	-1.629***	0.247**
	(-2.25)	(1.33)	(-5.13)	(2.08)
$GVC\times RER_{t-1}$	-0.220*	0.122***	-0.574*	0.444***
	(-1.95)	(3.16)	(-1.96)	(4.05)
GVC	0.014	0.038***	-0.581***	0.974***
	(0.44)	(3.44)	(-2.67)	(11.97)
RER_{t-1}	0.195*	-0.019	0.308	-0.255**
	(1.84)	(-0.51)	(1.15)	(-2.54)
控制变量	是	是	是	是
企业—目的国—产品	是	是	是	是
时间固定效应	是	是	是	是
观测值	1215650	1215650	534694	534694
R^2	0.017	0.007	0.018	0.014

5.2 GVC 分工位置影响出口汇率弹性的渠道机制

为了验证理论假设 3，即不同上游度企业在出口汇率弹性上的异质性来源于企业生产率和企业垄断度的差异，本部分将采用中介效应分析法进一步探讨企业上游度影响出口汇率弹性的渠道机制。

5.2.1 中介模型设定与变量选取

基于以上分析，企业上游度对出口汇率弹性影响显著，企业上游度的提升显著地提高了出口价格的汇率弹性，降低了出口量的汇率弹性。为深入考察企业上游度对出口价格汇率弹性和出口量汇率弹性的影响效应，根据理论分析框架，借鉴现有文献的做法，构建以下中介效应模型：

$$\ln TFP_{it}=\alpha'+\beta_1'\ln GVC_{it}+\gamma_1'B_{it}+\gamma_2'T_1+\varphi_{ijk}'+\eta_t'+\varepsilon_{ijkt}' \quad (式 5.2)$$

$$HHI_{ikt}=\alpha''+\beta_1''\ln GVC_{it}+\gamma_1''B_{it}+\gamma_2''T_1+\varphi_{ijk}''+\eta_t''+\varepsilon_{ijkt}'' \quad (式 5.3)$$

$$\Delta\ln X_{ijkt}=\alpha^*+[\beta_1^*+\beta_2^*\ln GVC_{it}+\beta_3^*\ln TFP_{it}]\Delta\ln RER_{jt}+[\beta_4^*+\beta_5^*\ln GVC_{it}+\beta_6^*\ln TFP_{it}]\Delta\ln RER_{jt-1}+\beta_7^*\ln GVC_{it}+\beta_8^*\ln TFP_{it}+\gamma_1^*M_{jt}+\gamma_2^*B_{it}+\gamma_3^*T_1+\varphi_{ijk}^*+\eta_t^*+\varepsilon_{ijkt}^* \quad (式 5.4)$$

$$\Delta\ln X_{ijkt}=\alpha^{**}+[\beta_1^{**}+\beta_2^{**}\ln GVC_{it}+\beta_3^{**}HHI_{ikt}]\Delta\ln RER_{jt}+[\beta_4^{**}+\beta_5^{**}\ln GVC_{it}+\beta_6^{**}HHI_{ikt}]\Delta\ln RER_{jt-1}+\beta_7^{**}\ln GVC_{it}+\beta_8^{**}HHI_{ikt}+\gamma_1^{**}M_{jt}+\gamma_2^{**}B_{it}+\gamma_3^{**}T_1+\varphi_{ijk}^{**}+\eta_t^{**}+\varepsilon_{ijkt}^{**} \quad (式 5.5)$$

$$\Delta\ln X_{ijkt}=\alpha^*+[\beta_1^{***}+\beta_2^{***}\ln GVC_{it}+\beta_3^{***}\ln TFP_{it}+\beta_4^{***}HHI_{ikt}]\Delta\ln RER_{jt}+[\beta_5^{***}+\beta_6^{***}\ln GVC_{it}+\beta_7^{***}\ln TFP_{it}+\beta_8^{***}HHI_{ikt}]\Delta\ln RER_{jt-1}+\beta_9^{***}\ln GVC_{it}+\beta_{10}^{***}\ln TFP_{it}+\beta_{11}^{***}HHI_{ikt}+\gamma_1^{***}M_{jt}+\gamma_2^{***}B_{it}+\gamma_3^{***}T_1+\varphi_{ijk}^{***}+\eta_t^{***}+\varepsilon_{ijkt}^{***} \quad (式 5.6)$$

式 5.2 和式 5.3 分别为企业上游度对两个中介变量的影响；式 5.4 是加入企业生产率中介变量后的方程。式 5.5 是加入企业垄断度中介变量后的方程。式 5.6 是加入全部中介变量后的方程。式 5.2 中被解释变量 $\ln TFP_{it}$ 表示企业生产率，本书基于鲁晓东和连玉君（2012）的方法，采用固定效应方法计算企业生产率。式 5.3 中被解释变量 HHI_{ikt} 表示企业垄断度。企业垄断度与所在行业的竞争程度密切相关（Atkeson 和 Burstein，2008），本书借鉴王永进和施炳展（2014）的做法，采用赫芬达尔指数衡量企业垄断度。具体测算表达式：$HHI_{ikt} = \sum_{i=1}^{N} (scale_{ikt}/scale_{kt})^2$，式中，$scale_{kt}$ 表示行业 k 在 t 年的总规模，$scale_{ikt}$ 表示 t 年行业 k 内企业 i 的规模，$scale_{ikt}/scale_{kt}$ 表示企业规模占行业总规模的比重，N 表示该行业内的企业数。系数 β_2^* 和 β_6^* 表示企业上游度的直接效应，系数 β_3^* 和 β_7^* 表示企业生产率的中介效应，β_4^* 和 β_8^* 表示企业垄断度的中介效应，即企业上游度通过生产率和垄断度两大渠道对出口汇率弹性产生的影响。

5.2.2 中介模型结果

企业上游度的中介渠道检验结果如表 5-9 所示。式 5.2 和式 5.3 估计了上游度与企业生产率和企业垄断度的关系，其中前三列是上游度与企业生产率的关系，企业生产率分别用 *FE*、*LP* 和 *OLS* 进行估计；最后一列上游度与企业垄断度的关系，系数均显著为正，说明企业上游度越高，其企业生产率和企业垄断度均较高。

表 5-9　中介渠道机制检验

	TFP_FE	*TFP_LP*	*TFP_OLS*	*HHI*
GVC	0.002**	0.007***	0.002*	0.002***
	(1.98)	(14.01)	(1.90)	(21.41)
Scale	0.247***	0.028***	0.179***	0.003***
	(983.36)	(228.41)	(648.85)	(135.86)
Profitr	0.0004***	0.0001***	0.0003***	0.00001***
	(24.37)	(6.32)	(15.79)	(3.18)
企业—目的国—产品	是	是	是	是
时间固定效应	是	是	是	是
观测值	9969892	9969892	9969892	9969892
R^2	0.221	0.054	0.109	0.023

企业上游度的联合中介效应结果如表 5-9 所示。式 5.4 生产率中介渠道结果显示：生产率与汇率滞后一期的交互项，对于出口价格的回归系数显著为正，对于出口量的回归系数显著为负，表明企业生产率提高显著增大长期出口价格的汇率弹性，降低长期出口量的汇率弹性；同时生产率对出口价格和出口量变动具有显著影响，生产率高的企业其出口价格和出口量变动程度小。式 5.5 垄断度中介渠道结果显示：垄断度与汇率滞后一期的交互项，对于出口价格的回归系数显著

为正，对于出口量的回归系数显著为负，表明企业垄断度的提高也可以显著增大长期出口价格的汇率弹性；降低长期出口量的汇率弹性，与生产率中介渠道作用一致。式5.6联合中介效应结果显示：生产率与汇率滞后一期的交互项，对于出口价格的回归系数显著为正，对于出口量的回归系数为负但不显著；同时企业垄断度与汇率滞后一期的交互项对于出口量的回归系数显著为负，对于出口价格的回归系数也不显著；究其原因，面临汇率变动时，出口价格的变化程度取决于出口厂商维持其本国货币的实际价值（不完全的汇率传递）还是维持其本国货币的名义价值（完全的汇率传递）。前者主要是企业通过调整成本加成，进而改变出口价格；而出口量变化程度主要取决于与竞争者之间的替代性（Fauceglia等，2018）。因此两种中介渠道同时影响出口汇率弹性时，企业上游度主要通过企业生产率来调整出口价格的汇率弹性，而通过企业垄断度来调整出口量的汇率弹性。表5-10的联合效应方程结果正好与之吻合，表明企业生产率提高显著增大长期出口价格的汇率弹性；企业垄断度提高显著降低长期出口量的汇率弹性。并且通过比较基准方程和联合效应方程发现，联合效应方程中上游度对出口汇率弹性的直接影响效应均小于基准方程，比如，上游度对短期出口量汇率弹性影响系数由-0.244变为-0.160；同时上游度对长期出口价格汇率弹性影响系数由0.122变为0.086，可以表明，企业上游度对出口汇率弹性的影响有一部分是通过企业生产率和企业垄断度两大中介机制进行传导。这一结论证明了理论假设3成立。

表5-10 联合中介效应

	基准方程		生产率中介		垄断度中介		联合效应方程	
	出口量 (1)	出口价格 (2)	出口量 (3)	出口价格 (4)	出口量 (5)	出口价格 (6)	出口量 (7)	出口价格 (8)
RER	0.252** (2.36)	0.085** (2.31)	-0.006 (-0.10)	0.166*** (8.55)	-0.042 (-0.71)	0.175*** (8.71)	-0.044 (-0.761)	0.168*** (8.38)
GVC×RER	-0.244** (-2.249)	0.049 (1.33)	-0.158*** (-3.24)	-0.006 (-0.37)	-0.159*** (-3.27)	-0.004 (-0.24)	-0.160*** (-3.29)	-0.005 (-0.32)
$GVC \times RER_{t-1}$	-0.220* (-1.948)	0.122*** (3.16)	-0.045 (-0.941)	0.086*** (5.21)	-0.034 (-0.71)	0.085*** (5.14)	-0.035 (-0.74)	0.086*** (5.21)
TFP×RER			0.137*** (2.91)	-0.018 (-1.135)			0.113** (2.07)	-0.008 (-0.44)
$TFP \times RER_{t-1}$			-0.083* (-1.667)	0.102*** (5.96)			0.004 (0.08)	0.106*** (5.38)

续表

	基准方程		生产率中介		垄断度中介		联合效应方程	
	出口量 (1)	出口价格 (2)	出口量 (3)	出口价格 (4)	出口量 (5)	出口价格 (6)	出口量 (7)	出口价格 (8)
HHI×RER					0.120** (2.41)	-0.028 (-1.619)	0.059 (1.02)	-0.021 (-1.05)
$HHI{\times}RER_{t-1}$					-0.170*** (-3.381)	0.044** (2.57)	-0.176*** (-3.05)	-0.009 (-0.46)
GVC	0.014 (0.44)	0.038*** (3.44)	0.001 (0.08)	0.002 (0.45)	0.002 (0.16)	0.001 (0.36)	0.002 (0.16)	0.001 (0.32)
控制变量	是	是	是	是	是	是	是	是
企业—目的国—产品	是	是	是	是	是	是	是	是
时间固定效应	是	是	是	是	是	是	是	是
观测值	1215650	1215650	1215650	1215650	1215650	1215650	1215650	1215650
R^2	0.017	0.007	0.017	0.007	0.017	0.007	0.012	0.007

5.3 GVC 分工位置变动的结构效应和升级效应对出口汇率弹性影响的异质性

5.3.1 GVC 分工位置变动的结构效应和升级效应

通过以上分析可知，企业 GVC 分工位置的提升，通过改变企业生产率和企业垄断度，从而成为企业应对汇率变动的有效方式。为了进一步寻找企业 GVC 分工位置影响出口汇率弹性更深层次的原因，我们将企业上游度进一步分解为两个维度：产业间结构效应和产业内升级效应。结构效应是指企业出口中不同上游度的产品构成的变动；升级效应则是指企业出口产品本身的上游度的变动。

将企业上游度公式两边对数化以后得到以下方程：

$$\ln firmup_{it} = \ln U_{kt} + \ln weight_{ikt} \qquad (式 5.7)$$

其中，U_{kt} 是行业 k 在 t 年的上游度，$weight_{ikt}$ 表示 t 年企业 i 在行业 k 的出口占企业总出口比重，等于原公式中 X_{ikt}/X_{it}。前者变动是产品本身上游度的变动，称为升级效应；后者变动是指企业出口产品构成的变动，称为结构效应。如图

5-1 所示，在中国企业 GVC 分工位置变动中 GVC 升级效应起主导作用，GVC 升级效应与企业上游度总体走势相一致，呈现先上升后下降的趋势，GVC 结构效应变动趋势比较平缓，对于企业上游度总体走势不具有明显影响。

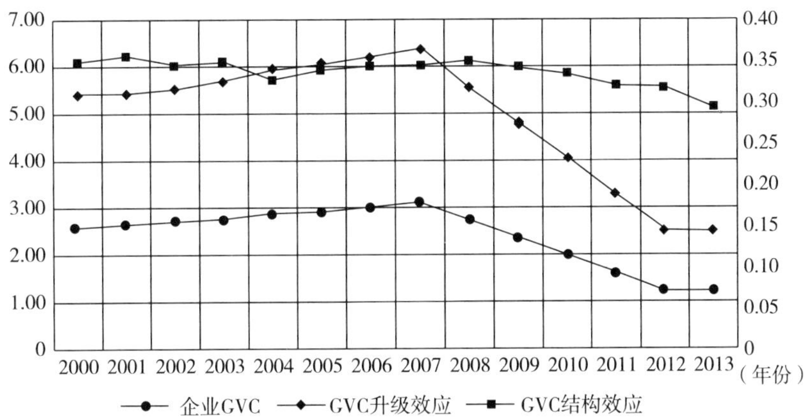

图 5-1　2000~2013 年中国企业上游度及其两大效应的总体趋势

借鉴 Berman 等（2012）分解方法，企业上游度波动也可分解为产业间波动和产业内波动，具体公式如下：

$$Varfirmup = Var^{W}firmup + Var^{B}firmup \quad \text{（式 5.8）}$$

其中，$Var^{W}firmup$ 表示产业内 GVC 升级效应的波动，$Var^{B}firmup$ 表示产业间 GVC 结构效应的波动。如图 5-2 所示，企业上游度波动主要受到升级效应波动的影响，结构效应波动的影响作用不明显，这也再次验证了基准模型中控制行业固定效应的必要性。

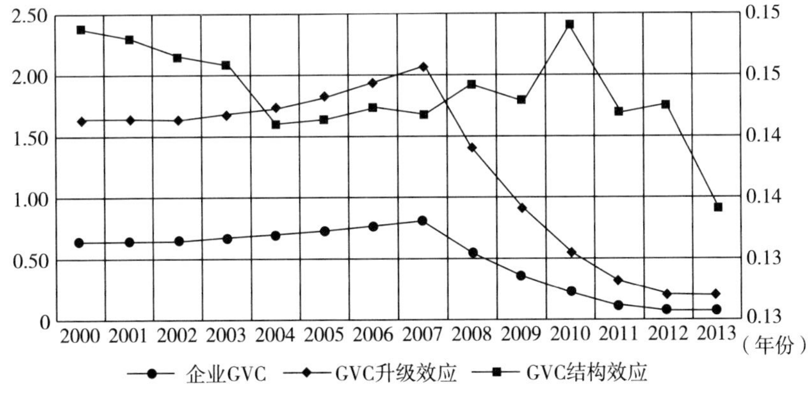

图 5-2　2000~2013 年中国企业上游度波动的分解图

5.3.2 结构效应和升级效应对出口汇率弹性的影响

为了分别测度结构效应和升级效应对出口汇率弹性的影响，将式 5.7 代入基准回归方程中，可得：

$$\Delta\ln X_{ijkt}=\alpha+[\beta_1+\beta_2^W\ln U_{kt}+\beta_2^B\ln weight_{ikt}]\Delta\ln RER_{jt}+[\beta_3+\beta_4^W\ln U_{kt}+\beta_4^B\ln weight_{ikt}\Delta\ln RER_{jt-1}+\beta_5^W\ln U_{kt}+\beta_5^B\ln weight_{ikt}+\gamma_1 M_{jt}+\gamma_2 M_{jt-1}+\gamma_3 B_{it}+\gamma_4 T_1+\varphi_{ijk}+\eta_t+\varepsilon_{ijkt} \quad (式 5.9)$$

表 5-11 显示了两种效应对出口汇率弹性的影响。从两种效应与汇率交互项系数来看，升级效应和结构效应与汇率滞后一期交互项系数均非常显著，而且对出口价格汇率弹性的影响为正，对出口量汇率弹性的影响为负；这一结论与基准方程保持一致。相对来说，结构效应的作用较小，结构效应对于出口价格长期出口汇率弹性影响系数为 0.033，小于升级效应的影响系数（0.113）；对于出口量长期出口汇率弹性影响系数为-0.060，也小于升级效应的影响系数（-0.262）。以上结果表明，企业上游度对出口汇率弹性的影响主要受升级效应的作用。

表 5-11 升级效应和结构效应对出口汇率弹性的影响

	产品出口量	产品出口价格
RER	0.089 (0.83)	0.038 (0.99)
UP×RER	-0.278*** (-2.68)	0.041 (1.09)
$UP\times RER_{t-1}$	-0.262** (-2.43)	0.113*** (2.92)
Weight×RER	-0.087*** (-5.15)	-0.033*** (-5.37)
$Weight\times RER_{t-1}$	-0.060*** (-3.42)	0.033*** (5.18)
UP	-0.013 (-0.44)	0.037*** (3.29)
Weight	0.768*** (217.56)	0.044*** (34.98)
RER_{t-1}	0.064 (0.60)	0.035 (0.90)

续表

	产品出口量	产品出口价格
控制变量	是	是
企业—目的国—产品	是	是
时间固定效应	是	是
观测值	1215650	1215650
R^2	0.108	0.009

5.3.3 结构效应和升级效应对出口汇率弹性影响的异质性

考虑对于不同上游度企业，升级效应和结构效应对出口汇率弹性的影响可能存在差异，本书将样本按照上游度十分位法进行分组，选取 Top50%作为上游企业，剩余样本作为下游企业，分组结果见表 5-12。

表 5-12 不同上游度企业两大效应对出口汇率弹性影响

	下游企业		上游企业	
	产品出口量	产品出口价格	产品出口量	产品出口价格
RER	0.395*	0.071	0.105	-0.099
	(1.91)	(0.94)	(0.36)	(-0.964)
UP×RER	-0.543*	-0.038	-0.297	0.154 *
	(-1.790)	(-0.338)	(-1.233)	(1.81)
$UP×RER_{t-1}$	-0.343	0.097	-0.602**	0.278***
	(-1.062)	(0.82)	(-2.497)	(3.26)
Weight×RER	-0.059**	-0.071***	-0.088***	-0.019**
	(-1.998)	(-6.524)	(-3.784)	(-2.328)
$Weight×RER_{t-1}$	-0.162***	0.029**	-0.016	0.056***
	(-5.235)	(2.55)	(-0.650)	(6.43)
UP	-0.186*	-0.027	-0.108	0.218***
	(-1.802)	(-0.718)	(-1.231)	(6.99)
Weight	0.836***	0.052***	0.714***	0.036***
	(163.69)	(27.80)	(138.13)	(19.94)
RER_{t-1}	-0.031	0.076	0.459	-0.166*
	(-0.149)	(1.01)	(1.64)	(-1.674)

续表

	下游企业		上游企业	
	产品出口量	产品出口价格	产品出口量	产品出口价格
控制变量	是	是	是	是
企业—目的国—产品	是	是	是	是
时间固定效应	是	是	是	是
观测值	517435	517435	698215	698215
R^2	0. 137	0. 009	0. 088	0. 011

表 5-12 结果显示：下游企业中，升级效应与汇率滞后一期的交互项系数虽然符号与基准保持一致，但不显著；而结构效应与汇率滞后一期的交互项系数显著，且对于出口价格的汇率弹性影响为正，对出口量汇率弹性的影响为负；表明下游企业中结构效应对出口汇率弹性的影响更加显著；与之对应的上游企业情况却相反，上游企业中，升级效应与汇率滞后一期的交互项系数十分显著，且对于出口价格的汇率弹性影响为正（0. 278），大于结构效应（0. 056），对出口量汇率弹性的影响为负（-0. 602），也大于结构效应（-0. 016）；此时结构效应与汇率滞后一期的交互项系数对于出口量的回归并不显著。因此，相对于下游企业，升级效应对汇率的影响作用对于上游企业更加显著。

5.4　本章小结

本章在拓展 BMM 模型的基础上构建企业 GVC 分工位置对出口汇率弹性影响的理论框架，利用 2000~2013 年细分投入产出表、海关数据库和工业企业数据库匹配的企业—目的国—产品层面数据，测度了中国企业 GVC 分工位置及其变动情况，并进一步从企业 GVC 分工位置变动视角研究异质性企业的出口弹性问题。结果显示：

其一，随着企业 GVC 分工位置（上游度）的攀升，出口价格的汇率弹性会提高，而出口量的汇率弹性会降低，验证了理论假设 1，这一结论在长期出口汇率弹性中更显著。随着中国企业向 GVC 高端攀升，汇率变动对出口的影响将逐渐缩小。人民币升值期间，上游企业减少成本加成，更大程度降低其出口价格，从而稳定出口量；人民币贬值期间，上游企业倾向于提高成本加成，将人民币贬值带来的价格优势更多地变为成本加成，而非盲目扩大企业出口量。相对于下游企业的“随波逐流”，上游企业更倾向于“逆流而上”，相机抉择地主动调节出口价格，从而降低汇率变动风险带来的负面影响。

其二，企业上游度提升会提高企业生产率和垄断度，从而面临汇率变动时表现出更强出口价格调控能力，这种差异化的调控能力是造成不同上游度企业出口汇率弹性异质性的主要原因，验证了理论假设2和理论假设3。

其三，为了找出GVC中影响出口汇率弹性更深层次的原因，将企业GVC分工位置变动精确分解为结构效应和升级效应，发现企业GVC分工位置变动对出口汇率弹性的影响主要受升级效应的作用。

第6章　GVC上游企业对下游企业的汇率传递效应

第5章从整体上实证检验GVC分工位置对出口汇率弹性的影响，本章进行解构分析，从GVC纵向视角实证检验GVC上下游企业之间的汇率传递关系。基于第3章理论模型3.2的分析与结论，采用2000~2013年中国细分投入产出表、世界投入产出表（WIOT）、海关数据库与工业企业数据库的匹配数据测度了中国企业在GVC中的嵌入位置，实证检验了企业GVC分工位置变动对汇率传递效应的影响。将企业GVC分工位置分解发现，处于复杂GVC中企业的汇率传递效应更小；随着GVC参与度的加深会减缓GVC分工位置差异对汇率传递的影响。面临汇率调整时，位于GVC上游和复杂GVC中的企业汇率传递效应更小。这一现象在本币贬值期和汇率变动期间更加明显，而GVC参与度的不断加深会减轻这一现象，对汇率传递起到“润滑剂”作用。本章实现了对理论假设4的实证检验。

6.1　上游企业会对下游企业产生汇率传递效应吗

本书首先建立基准回归模型，采用固定效应模型进行计量检验，其次使用2SLS估计处理模型的内生性问题，最后通过替代核心变量、部分样本回归等方法完成稳健性检验。

6.1.1　基准回归

6.1.1.1　变量选取与基准模型设定

6.1.1.1.1　被解释变量

产品出口价格（$Price_{ijkt}$）：以企业出口产品价格的对数差分形式表示，并借鉴Li等（2015）使用单位产品价格作为实际价格的代理变量，其计算公式为：

$Price_{ijkt}=v_{ijkt}/q_{ijkt}$，$v_{ijkt}$ 和 q_{ijkt} 分别表示出口额和出口数量，数据均来自中国海关数据库。使用了“企业—产品—目的国”三维产品层面的数据，出口额和出口量是产品层面的数据，被解释变量企业产品出口价格，采用产品出口额除以产品出口量来衡量。当企业经营出口多种产品时，因为是产品层面数据，所以还可以代表出口产品价格这一经济含义。

6.1.1.1.2 解释变量

（1）双边实际汇率（RER_{jt}）。本书采用间接标价法，RER_{jt} 数值变大，表示人民币贬值；RER_{jt} 数值变小，表示人民币升值；本书的研究对象是分出口目的国的双边贸易，故更适合采用双边实际汇率。其计算公式为：$RER_{jt}=NER_{jt}\times CPI_{jt}/CPI_{chnt}$，其中，$NER_{jt}$ 是 t 年双边名义汇率；CPI_{jt} 是同期 j 国 CPI 指数；CPI_{chnt} 是同期中国 CPI 指数；双边名义汇率和 CPI 指数原始数据来源于 IMF，且 CPI 指数均折算成 2010 年为基期，最后得到双边实际汇率后进行对数差分处理后代入方程。

（2）企业 GVC 分工位置（GVC_{it}）。本书采用 Antràs 等（2012）和 Chor 等（2014）的企业上游度，企业上游度数值越大表明位于企业后面的生产环节越多，企业位置越处于 GVC 上游。

6.1.1.1.3 控制变量

控制变量的选取主要参考 Berman 等（2012）和 Li 等（2015）的做法，分别引入宏微观两类控制变量。宏观层面引入出口目的国 GDP（GDP_{jt}）、两国距离（$Distance_{jt}$）和目的国的对外开放度；其中，出口目的国 GDP 数据来源于 IMF，用来控制出口目的国经济规模等因素；中国与出口目的国之间的距离，具体采用两国首都之间的实际地理距离乘以石油平均现货价格（APSP），以反映时变冰山成本（郝正亚和付桂彦，2015），地理距离来源于 CEPII 数据库，APSP 年度数据来源于 IMF，按照美国 WTI、英国布伦特、亚洲迪拜这三种基准原油的平均现货价格计算得到；目的国的对外开放度采用目的国进出口额/GDP 来表示（靳涛和陶新宇，2016），其中进出口额和 GDP 原始数据均来自世界银行，并以对数化形式引入模型。微观层面基于企业会计报表引入可以反映企业业绩的相关指标，分别引入企业利润率（$Profitr_{it}$），采用企业利润与企业产值的比值表示；企业规模（$Scale_{it}$），采用企业职工人数对数化表示；以及企业负债率（$Debt_{it}$），采用流动负债与企业产值的比值表示，用来控制企业层面的影响因素；同时引入反映企业—产品层面信息的企业出口产品数量（*Knum*）变量和反映企业—出口目的国层面信息的企业出口目的国数量（*Cnum*）变量。上述变量的描述性统计，如表 6-1 所示。

表 6-1 主要变量的描述性统计

变量名称	样本量	均值	方差	最大值	最小值	偏度	峰度
单位产品价格（*Price*）	3342428	0.07	0.68	12.19	-12.19	0.21	23.94
双边实际汇率（*RER*）	3342428	-0.03	0.14	9.23	-8.55	8.25	1543.45
企业上游度（*GVC*）	3342428	-0.08	0.15	1.16	-1.19	-0.46	8.10
出口目的国 *GDP*（*GDP*）	2986538	0.01	0.10	0.65	-1.24	-1.10	9.14
两国距离（*Distance*）	9316714	13.87	0.71	15.27	11.19	-0.69	3.19
开放度（*Open*）	8440196	-0.68	0.66	1.47	-1.89	0.63	3.06
企业利润率（*Profitr*）	9335919	0.04	0.07	0.29	-0.19	0.61	6.76
企业规模（*Scale*）	9330101	5.87	1.16	11.74	0.07	-0.02	2.62
企业负债率（*Debt*）	9336117	0.47	0.47	2.91	0.01	2.64	11.89
企业出口产品数量（*Knum*）	9336602	5.54	5.53	18	1.00	1.28	3.31
企业出口目的国数量（*Cnum*）	9336602	10.52	9.73	30	1.00	0.85	2.39

6.1.1.1.4 基准方程设定

为了检验企业 GVC 分工位置对汇率传递效应影响，模型设置如下：

$$\Delta \ln Price_{ijkt}=\alpha+\beta_1\Delta \ln RER_{jt}+\beta_2\Delta \ln GVC_{it}\times\Delta \ln RER_{jt}+\beta_3\Delta \ln GVC_{it}+\gamma_1 B_{jt}+\gamma_2 C_{it}+\varphi_{ijk}+\eta_t+\varepsilon_{ijkt} \quad (式 6.1)$$

其中，i 代表中国出口企业，j 代表出口的目的国，k 是出口产品；年份 t 是出口年份。B_{jt} 是宏观层面的控制变量，C_{it} 是企业层面的控制变量，为保证研究结论的稳健性，同时加入企业—目的国—产品层面的固定效应 φ_{ijk} 和时间固定效应 η_t；为了解决异方差和序列相关等问题，所有检验的标准误差均进行企业层面的聚类调整。

6.1.1.2 基准回归结果

表 6-2 中第（1）列考察了企业上游度对汇率传递效应的影响，估计结果显示，汇率的系数为正，汇率与企业上游度交互项前面的系数亦显著为正，表明上游企业的累积贸易成本较小，因此企业 PTM 能力较强，造成企业出口价格的汇率弹性升高，进而对汇率传递效应产生了显著的负向影响；企业 GVC 分工位置越高，则汇率传递效应越低。

第（2）列在第（1）列的基础上加入目的国 GDP 和两国距离宏观变量，汇率和上游度交互项的系数仍显著为正，这表明企业 GVC 分工位置越高，则汇率传递效应越低；同时目的国 GDP 以及两国距离的系数均为正，说明出口目的国经济发展水平越高，出口到目的国产品价格越高；与中国距离越远，由于运输成本增加等原因产品出口价格也越高；目的国对外开放度对出口产品价格没有显著影响。

表6-2　基准回归结果

	产品出口价格 (1)	产品出口价格 (2)	产品出口价格 (3)	产品出口价格 (4)
RER	0.085*** (9.66)	0.054*** (5.62)	0.056*** (5.76)	0.098*** (2.93)
GVC×RER	0.319*** (7.74)	0.201*** (5.12)	0.208*** (5.25)	0.323*** (6.53)
GVC	0.035*** (3.91)	0.034*** (3.70)	0.034*** (3.74)	0.040*** (4.42)
GDP		0.095*** (8.62)	0.095*** (8.57)	0.059*** (5.10)
Distance		0.102*** (12.91)	0.099*** (12.00)	0.118*** (7.07)
Open		-0.007 (-0.93)	-0.006 (-0.77)	-0.008 (-1.04)
Profitr			0.002 (0.79)	0.002 (0.77)
Scale			-0.003 (-0.46)	0.001 (0.34)
Debt			-0.008* (-1.83)	-0.009** (-2.25)
Knum			0.001*** (2.62)	0.001** (2.26)
Cnum			0.001*** (3.09)	0.001*** (3.63)
TFP×RER				0.038 (0.80)
TFP				-0.006 (-1.14)

续表

	产品出口价格（1）	产品出口价格（2）	产品出口价格（3）	产品出口价格（4）
企业—目的国—产品	是	是	是	是
时间固定效应	是	是	是	是
观测值	3342427	2972244	2970763	2836812
R^2	0.010	0.010	0.010	0.010

注：括号内数字为变量的 t 统计值，* 表示 $p<0.10$，** 表示 $p<0.05$，*** 表示 $p<0.01$；所有标准差在企业层面聚类调整。下同。

第（3）列进一步加入企业利润率和企业规模等微观控制变量，汇率和上游度交互项的系数仍显著为正，同时汇率的系数显著为正，结论依旧成立。

已有研究认为，企业生产率是影响汇率传递的主要渠道（Berman 等，2012），为此本书在第（4）列将企业生产率和汇率的交互项也纳入回归模型之中。本书参照鲁晓东和连玉君（2012）的方法，采用 LP 方法估计企业生产率，其估计结果与基准回归结果完全一致，企业上游度和汇率的交互项系数仍然显著为正；与此同时，企业生产率对出口价格的汇率弹性的影响为正，与 Berman 等（2012）和 Li 等（2015）的研究结论十分吻合。

由此可见，在面临汇率调整时，GVC 上游企业的汇率传递效应小于下游企业。无论从投入视角还是从产出视角看，企业 GVC 分工位置均是影响汇率传递效应的重要因素，这一结论在控制其他传导渠道、更改测算数据库或使用不同样本后仍然成立，从而验证了理论假设 4。

6.1.2 内生性处理

考虑到测度误差、遗漏变量等原因有可能造成企业上游度与汇率传递效应之间存在内生性问题，本书选取两个工具变量：同类型企业上游度的平均水平（Registype）和同贸易方式企业上游度的平均水平（Tradetype），其中，同类型企业是指注册类型（国有、私营等细分 14 种）相同的企业；同贸易方式企业是指贸易方式（加工贸易、一般贸易还是混合贸易）相同的企业。从相关性来看，同一企业类型或同一贸易方式的企业上游度之间密切相关；从排他性来看，其他企业的上游度对本企业出口产品价格不会产生影响。本书采用 2SLS 方法分别进行回归检验，结果见表 6-3。

表 6-3　内生性检验

	工具变量一：同类型企业		工具变量二：同贸易方式企业	
	第一阶段 (1)	产品出口价格 (2)	第一阶段 (3)	产品出口价格 (4)
Registype	1.012*** (101.46)			
Tradetype			1.029*** (67.70)	
GVC		0.041*** (2.96)		0.026 (1.37)
GVC×RER		0.218*** (4.98)		0.195*** (4.16)
RER		0.058*** (5.62)		0.054*** (5.07)
控制变量	是	是	是	是
企业—目的国—产品	是	是	是	是
时间固定效应	是	是	是	是
观测值	2142025	2142025	2142025	2142025
F	10294.19	180.79	4583.36	182.20

注：***、**和*分别表示参数估计值在1%、5%和10%的统计水平上显著；括号内数字为稳健标准误。

第（1）~（2）列是使用同类型企业上游度均值作为工具变量的结果，其中第一阶段的回归结果显示工具变量的估计系数为正，且在1%水平下显著，表明同类型企业上游度之间存在正相关关系；通过判断 Cragg-Donald Wald 的 F 统计量（10294.19）大于10%显著性水平上的临界值（16.38）可知，本书选取的工具变量不存在弱工具变量问题；第二阶段回归结果显示上游度与汇率交互项系数显著为正，在考虑了企业上游度内生性问题的前提下，随着企业 GVC 分工位置攀升汇率传递效应减小这一核心结论仍然成立。第（3）~（4）列是使用同贸易方式企业上游度均值作为工具变量的结果，与之相类似，第一阶段的回归结果显示工具变量的估计显著系数为正，且不存在弱工具变量问题；第二阶段的回归结果显示上游度与汇率交互项系数仍显著为正，结论依然稳健。

6.1.3 稳健性检验

6.1.3.1 更换 GVC 分工位置指标

除了使用企业上游度从产出视角衡量企业 GVC 分工位置外，本书还从投入视角，使用 Antràs 和 Chor（2018）提出下游度衡量企业 GVC 分工位置对汇率传递效应的影响。Antràs 和 Gortari（2020）也指出，GVC 中贸易成本对于投入视角的指标作用更加显著。具体计算公式如下：

$$D_j = 1\times\frac{VA_j}{Y_j}+2\times\frac{\sum_{r=1}^{S}\sum_{i=1}^{J} b_{ij}VA_i}{Y_j}+3\times\frac{\sum_{r=1}^{S}\sum_{i=1}^{J}\sum_{t=1}^{S}\sum_{k=1}^{J} b_{ki}b_{ij}VA_k}{Y_j}+\cdots \quad \text{（式 6.2）}$$

其中，D_j 表示行业 j 的下游度，VA_j 表示行业 j 中国内增加值；b_{ij} 是投入矩阵中的元素，表示行业 j 中使用的行业 i 的投入占行业 j 总投入的比重。将行业下游度细化到企业层面，最终得到企业下游度计算公式为：

$$Down_{it} = \sum_{j=1}^{N}\frac{X_{ijt}}{X_{it}}D_{jt} \quad \text{（式 6.3）}$$

其中，$Down_{it}$ 表示企业 i 在 t 年的下游度；X_{it} 表示企业总出口额；X_{iit} 表示企业在行业 j 的出口额。企业下游度数值越大表明位于企业上游生产环节越多，企业位置越处于 GVC 下游。表 6-4 汇报了使用下游度考察对汇率传递效应影响的实证结果。其中第（1）列在基准回归的基础上使用下游度替换上游度，结果显示汇率的系数为正，汇率与下游度交互项的系数显著为负，表明下游企业由于累积贸易成本影响企业 PTM 能力，造成企业出口价格的汇率弹性降低，进而对汇率传递效应产生显著的正向影响；企业下游度越高，则汇率传递效应越高。由此可见，无论从投入视角还是从产出视角看，企业 GVC 分工位置均是影响汇率传递效应的重要因素。由于隐含贸易成本的存在导致企业越处于 GVC 下游其 PTM 能力越差，汇率传递效应越大；相对而言，GVC 上游企业的汇率传递效应越小，汇率传递越小。

表 6-4 稳健性检验

	下游度 （1）	WIOT （2）	汇改后 （3）	单产品企业 （4）
RER	0.023*** （3.59）	0.023*** （3.71）	0.057*** （5.38）	0.022** （2.21）

续表

	下游度 (1)	WIOT (2)	汇改后 (3)	单产品企业 (4)
GVC×RER		0.508*** (3.54)	0.216*** (4.93)	0.073* (1.82)
GVC		-0.184*** (-5.24)	0.034*** (3.01)	0.030*** (2.76)
GDP	0.081*** (11.49)	0.104*** (9.52)	0.113*** (9.26)	0.030** (2.41)
Distance	-0.003*** (-2.74)	0.099*** (12.09)	0.0001 (0.01)	0.104*** (10.54)
Open	-0.007*** (-10.88)	-0.003 (-0.3932)	-0.0098 (-0.93)	0.005 (0.47)
Profitr	0.002* (1.85)	0.001 (0.76)	0.001 (0.56)	0.005** (2.32)
Scale	-0.002 (-0.42)	-0.003 (-0.57)	-0.003 (-0.39)	-0.003 (-0.76)
Debt	-0.007** (-2.04)	-0.007* (-1.67)	-0.009* (-1.88)	-0.013** (-2.45)
Knum	0.002*** (10.81)	0.001** (2.56)	0.002*** (3.38)	0.001 (0.55)
Cnum	0.001*** (5.56)	0.001*** (2.99)	0.001** (2.54)	0.0001 (0.14)
Down×RER	-0.027* (-1.88)			
Down	0.029*** (4.88)			
企业—目的国—产品	是	是	是	是
时间固定效应	是	是	是	是
观测值	2960158	2954611	2590630	1270293
R^2	0.031	0.010	0.011	0.012

6.1.3.2 使用WIOT数据

本书采用世界投入产出表（WIOT）重新测度中国企业上游度，然后代入回归方程进行稳健性检验。表 6-4 中第（2）列结果显示，企业上游度对汇率传递效应的影响仍然十分显著；与基准模型结论保持一致，说明企业 GVC 分工位置越高，其汇率传递效应越小，再次证实了结论的稳健性。

6.1.3.3　更换样本时间区间

2005 年汇率改革之前，双边实际汇率的波动主要反映两国 CPI 指数的波动而不是名义汇率的波动；为了体现名义汇率变动对出口的影响，采用汇改之后的子样本进行稳健性检验，这一时期的双边实际汇率既体现双边名义汇率变动也体现了双边 CPI 波动情况。表 6-4 中第（3）列结果显示，上游度与汇率交互项系数显著为正，即企业上游度越大，汇率传递效应就越小，基本结论保持不变。

6.1.3.4　单产品企业

本书使用单位产量的价格作为产品价格的替代变量。为了进一步检验企业上游度和汇率传递效应的关系，同时考虑出口单产品的企业和出口多产品的企业拥有不同的定价模式（Berman 等，2012），因而使用单产品企业样本数据进行稳健性检验。表 6-4 中第（4）列结果显示，上游度与汇率交互项系数显著为正，即企业上游度越大，汇率传递效应就越小，基本结论保持不变，再次验证了基准回归结果的可信性。

6.1.4　异质性检验

6.1.4.1　基于企业所有权

赵勇和雷达（2013）认为，外资企业的存在降低了汇率变动对出口的影响。本书为了检验这一问题，按照出口企业所有权分为外资企业与非外资企业两个组。一般认为，外资企业的出口很大程度可能是企业内贸易，其出口产品的价格不能完全体现市场定价，表现出对汇率变动的不敏感。表 6-5 和表 6-6 中第（1）~（2）列结果显示，两组企业上游度与汇率交互项系数均为正，外资企业中上游度与汇率的交互项系数小于非外资企业；一方面，剔除外资企业样本外，GVC 分工位置对汇率传递效应影响的解释力仍然十分有效；另一方面，GVC 分工位置对于汇率传递效应的影响在外资企业中更小，与已有研究相一致。

表 6-5　企业 GVC 分工位置对汇率传递效应影响的分组检验

	非外资 （1）	外资 （2）	低收入 （3）	高收入 （4）	贬值 （5）	升值 （6）
RER	0.058*** （3.66）	0.081*** （5.86）	0.025 （1.25）	0.046*** （4.45）	0.093*** （3.97）	0.026** （2.42）

续表

	非外资 (1)	外资 (2)	低收入 (3)	高收入 (4)	贬值 (5)	升值 (6)
GVC×RER	0.250*** (4.31)	0.241*** (4.23)	0.113* (1.96)	0.198*** (3.71)	0.301*** (3.94)	0.135*** (2.58)
GVC	0.062*** (3.85)	0.025** (2.37)	0.042** (2.03)	0.032*** (3.42)	0.071*** (3.86)	0.021** (2.10)
控制变量	是	是	是	是	是	是
企业—目的国—产品	是	是	是	是	是	是
时间固定效应	是	是	是	是	是	是
观测值	1028081	1786793	351208	2619555	1013112	1957651
R^2	0.013	0.009	0.014	0.010	0.013	0.009

表6-6 汇改后企业GVC分工位置对汇率传递效应影响的分组检验

	非外资 (1)	外资 (2)	低收入 (3)	高收入 (4)	贬值 (5)	升值 (6)
RER	0.062*** (3.71)	0.082*** (5.39)	0.024 (1.18)	0.047*** (3.99)	0.093*** (3.56)	0.022* (1.94)
GVC×RER	0.270*** (4.33)	0.246*** (3.96)	0.112* (1.88)	0.204*** (3.32)	0.306*** (3.58)	0.111** (2.06)
GVC	0.062*** (3.41)	0.023* (1.75)	0.055** (2.38)	0.029** (2.50)	0.084*** (4.07)	0.011 (0.90)
控制变量	是	是	是	是	是	是
企业—目的国—产品	是	是	是	是	是	是
时间固定效应	是	是	是	是	是	是
观测值	922252	1512489	315554	2275076	908537	1682093
R^2	0.014	0.010	0.015	0.011	0.014	0.010

6.1.4.2 基于出口目的国收入

考虑到出口到不同收入水平国家的产品定价机制存在显著差异，按照IMF的收入水平标准将出口目的国分为高收入国家和低收入国家两组分组，分别考察上游度对汇率传递效应的影响并进行对比分析。表6-5和表6-6中第（3）~（4）列可以看出，出口到高收入国家的汇率和上游度与汇率交叉项的回归系数都要比低收入国家大，表明出口到高收入水平国家时，GVC 分工位置对汇率传递效应的影响更大。这可能是由于出口到高收入水平国家的产品大多是高质量产品，其价格需求弹性相对较小，GVC 上游企业的 PTM 能力更强，显著影响汇率传递效应；意味着出口到高收入国家的上游企业面临出口目的国汇率变动时，更容易保持其到岸价格的稳定。因此，深化与发达国家之间的 GVC 联系，更有利于增强企业应对汇率风险的能力。

6.1.4.3 基于汇率变动方向

Gil-Pareja（2000）指出，企业在面对升值和贬值两种情形时，可能表现出不同的产品定价模式。具体到企业 GVC 分工位置来说，当人民币贬值时，上游出口企业会提高企业加成，从而提高产品的离岸价格，保持以进口国货币计价的产品价格基本不变，因而汇率传递效应趋于零或很小；而下游出口企业由于 PTM 能力较弱，此时会保持企业加成不变，则出口产品在国外的销售价格降低，即完全的汇率传递效应。当人民币升值时，上游企业和下游企业可能均会降低其企业加成，降低出口产品价格，此时上下游企业均采取汇率不完全传递。因此，本币贬值期上游度对汇率传递效应的影响明显大于本币升值期。表 6-5 和表 6-6 中第（5）~（6）列估计结果也显示，在人民币升值和贬值两种情形下，上游度对汇率传递效应的影响表现出很强的非对称性。企业上游度对汇率传递效应的影响在贬值期（0.301 和 0.306）显著大于升值期（0.135 和 0.111），说明 GVC 上游企业在贬值期间汇率的传递更加不完全。这一结论在一定程度上解释了处于 GVC 上游的发达国家本币贬值并未带来出口增加的原因。

人民币贬值期间，GVC 上游企业的“依市定价”能力和优势突出，更倾向于将贬值带来的价格优势转变为企业利润，而非盲目降低出口产品价格。因此，企业 GVC 分工位置的攀升在提高其应对汇率风险能力的同时，也有利于保持和提高企业利润。

6.2 GVC 基础位置和价值链长度位置影响汇率传递效应的对比分析

现实经济生活中，由于 GVC 分工体系的多元化，即使企业处于 GVC 同一位置，其 GVC 长度和类型的不同仍有可能对汇率传递产生不同的影响（Wang 等，2017b）。为此，本书通过分解企业 GVC 分工位置进一步拓展研究结论。

6.2.1 GVC 基础位置和价值链长度位置

基于上游度的计算公式，可以将企业的 GVC 分工位置分解为基础位置和价值链长度位置。对此，本书从投入产出模型的产出角度进行分解，即

$$Y_i = \sum_{j=1}^{J} Z_{ij} + F_i \qquad \text{（式 6.4）}$$

其中，Y_i 表示行业 i 的总产出；Z_{ij} 表示中间品投入产出矩阵；F_i 表示行业 i 产出中的最终品。同时根据 Antràs 和 Chor（2018）的界定，简单上游度（只区分最终品和中间品）可以表示为：

$$F/GO = \frac{F_i}{Y_i} \qquad \text{（式 6.5）}$$

其中，F/GO 可以解释为最终产品的占比，$1-F/GO$ 等于中间品占比。在式 6.4 的中间品矩阵 $\sum_{j=1}^{J} Z_{ij}$ 的基础上，进一步按照 GVC 长度细化分解，出口的直接最终品定义为距离 1，出口的中间品直接用于进口国生产其最终品定义为距离 2，出口中间品由进口国用于中间品的生产，最终用于第三国最终品的生产定义为距离 3 等。通过中间品沿着 GVC 细化分解最终得到上游度的表达式：

$$GVC_i = \underbrace{1 \times \frac{F_i}{Y_i}}_{GVC\text{基础位置}(U)} + \underbrace{2 \times \frac{\sum_{s=1}^{S}\sum_{j=1}^{J} d_{ij}F_j}{Y_i} + 3 \times \frac{\sum_{s=1}^{S}\sum_{j=1}^{J}\sum_{t=1}^{S}\sum_{k=1}^{J} d_{ij}d_{jk}F_k}{Y_i} + \cdots}_{\text{价值链长度位置}(Chain)} \qquad \text{（式 6.6）}$$

由此可见，在上游度分解时，GVC 分工位置包含两部分：基础位置与价值链长度位置，其中前者不包含价值链长度因素，只区别中间品和最终品，相当于简单上游度的表达式。

6.2.2 位置分解对汇率传递效应的影响

为了分别测度基础位置和价值链长度位置对汇率传递效应的影响，将两者分别代入基准方程进行检验：

$$\begin{aligned}\Delta \ln Price_{ijkt} = {} & \alpha + \beta_1 \Delta \ln RER_{jt} + \beta_2 \Delta \ln GVC_{it} \times \Delta \ln RER_{jt} + \beta_3 \Delta \ln GVC_{it} + \gamma_1 B_{jt} + \\ & \gamma_2 C_{it} + \varphi_{ijk} + \eta_t + \varepsilon_{ijkt}\end{aligned} \qquad \text{（式 6.7）}$$

其中，GVC_{it} 既可以表示 GVC 基础位置（U）也可以表示价值链长度位置（*Chain*）。

回归结果如表 6-7 所示。表 6-7 的第（1）～（2）列分别报告了 GVC 基础位置和价值链长度位置对汇率传递效应的影响。从两大位置与汇率交互项系数来

看，价值链长度位置的影响作用（0.053）大于 GVC 基础位置的影响作用（0.043），表明在 GVC 分工位置中，价值链长度位置对汇率传递效应起到主要作用。实证结论表明，企业 GVC 分工位置中对汇率传递效应的影响主要受价值链长度的作用，即价值链长度在汇率传递中发挥了主导作用。

表 6-7　GVC 基础位置和价值链长度位置对汇率传递效应的影响

	产品出口价格 (1)	产品出口价格 (2)
RER	0.009 (1.28)	0.006 (0.83)
Chain×RER	0.053* (1.77)	
U×RER		0.043*** (3.18)
Chain	0.019 (1.45)	
U		-0.019*** (-2.73)
控制变量	是	是
企业—目的国—产品	是	是
时间固定效应	是	是
观测值	2970751	2970715
R^2	0.010	0.010

6.3　价值链长度影响汇率传递效应的再审视

前面的估计结果表明，价值链长度是主导作用。为了进一步考察 GVC 价值链长度对汇率传递效应的影响，本书利用 Wang 等（2017b）方法对价值链长度基于 GVC 前向关联和后向关联视角进行重新测度并细化分解。由于本书主要关注价值链中参与 GVC 分工体系的部分，故仅对价值链中 GVC 部分长度进行分解。

6.3.1 基于前向关联视角，价值链长度的矩阵形式为

$$pLv=\frac{\hat{V}BB\hat{Y}\mu}{\hat{V}B\hat{Y}\mu}=\frac{\hat{V}BBY}{\hat{V}BY}=G\mu' \qquad \text{（式 6.8）}$$

其中，G 为高斯逆矩阵。u 为 1×N 矩阵，元素都为 1。按照是否参与 GVC 分工体系，将价值链长度可分解为国内部分、传统贸易部分和 GVC 部分，其中国内部分和传统贸易部分不参与 GVC 分工，分解过程如下：

$$PLv=PLv\_D+PLv\_RT+PLv\_GVC \qquad \text{（式 6.9）}$$

其中，PLv_D、PLv_RT 和 PLv_GVC 分别表示前向关联中国内部分价值链长度、传统贸易部分价值链长度和 GVC 部分价值链长度。根据在 GVC 生产体系中的跨境次数，可将 GVC 部分价值链长度基于前向关联分解为简单 GVC（只跨境一次）和复杂 GVC（跨境二次及以上），即

$$PLv\_GVC=PLv\_GVC\_S+PLv\_GVC\_C \qquad \text{（式 6.10）}$$

其中，PLv_GVC_S 表示前向关联简单 GVC 长度；PLv_GVC_C 表示前向关联复杂 GVC 长度。

6.3.2 基于后向关联视角，价值链长度的矩阵形式为

$$PLy=\frac{Xy}{Y}=\frac{u\hat{V}BB\hat{Y}}{u\hat{V}B\hat{Y}}=\frac{VBB\hat{Y}}{VB\hat{Y}}=uB \qquad \text{（式 6.11）}$$

其中，B 为里昂惕夫逆矩阵。u 为 1×N 矩阵，元素都为 1。同样地，按照是否参与 GVC 生产分工，将价值链长度可分解为国内部分、传统贸易部分和 GVC 部分，即

$$PLy=PLy\_D+PLy\_RT+PLy\_GVC \qquad \text{（式 6.12）}$$

其中，PLv_D、PLv_RT 和 PLv_GVC 分别表示后向关联中国内部分价值链长度、传统贸易部分价值链长度和 GVC 部分价值链长度。仍然根据在 GVC 生产体系中的跨境次数，将 GVC 部分价值链长度基于后向关联视角分为简单 GVC 和复杂 GVC，即

$$PLy\_GVC=PLy\_GVC\_S+PLy\_GVC\_C \qquad \text{（式 6.13）}$$

其中，PLy_GVC_S 表示后向关联简单 GVC 长度；PLy_GVC_C 表示后向关联复杂 GVC 长度。

将前后关联视角测度的 GVC 部分价值链长度以及分解后的简单 GVC 长度和复杂 GVC 长度代入回归方程 6.1 进行检验。基于 UIBE GVC Indicator 数据库的测

度数据对汇率传递效应进行实证检验，具体结果见表 6-8。

表 6-8　GVC 长度及其分解对汇率传递效应的影响

	前向关联 GVC 长度 (1)	前向简单 GVC 长度 (2)	前向复杂 GVC 长度 (3)	后向关联 GVC 长度 (4)	后向简单 GVC 长度 (5)	后向复杂 GVC 长度 (6)
RER	0.022*** (3.75)	0.025*** (4.06)	0.019*** (3.45)	0.016*** (2.86)	0.019*** (3.36)	0.021*** (3.71)
PL×RER	0.513*** (3.16)	0.495*** (3.39)	0.751*** (3.77)	1.468*** (4.97)	1.136*** (4.73)	1.618*** (6.16)
PL	-0.196*** (-4.92)	-0.211*** (-5.38)	-0.353*** (-5.83)	-1.585*** (-8.29)	-1.439*** (-8.85)	-1.251*** (-7.69)
控制变量	是	是	是	是	是	是
企业—目的国—产品	是	是	是	是	是	是
时间固定效应	是	是	是	是	是	是
观测值	2954611	2954611	2954611	2954611	2954611	2954611
R^2	0.010	0.010	0.010	0.010	0.010	0.010

表 6-8 的第（1）列中前向关联 GVC 长度与汇率交互项以及汇率前面的系数均显著为正，表示前向关联 GVC 长度越长，企业出口价格的汇率弹性越大，其汇率传递性越小；通过比较第（2）列和第（3）列中价值链长度与汇率交互项前面的系数发现，两者都显著为正，且复杂 GVC 长度对汇率传递效应的影响（0.751）明显大于简单 GVC 长度对汇率传递效应的影响（0.495），意味着位于复杂 GVC 体系中企业的汇率传递效应更小，汇率不完全传递程度更高；第（4）列中后向关联 GVC 长度与汇率交互项以及汇率前面的系数也显著为正，表明后向关联 GVC 长度越长，企业出口价格的汇率弹性也越大，其汇率传递性越小；通过比较第（5）列和第（6）列中价值链长度与汇率交互项前面的系数同样表明，复杂 GVC 长度对汇率传递效应的影响（1.618）也明显大于简单 GVC 长度对汇率传递效应的影响（1.136）。同样显示了位于复杂 GVC 体系中企业的汇率传递效应更小。

以上结论表明，无论基于前向关联视角还是后向关联视角，GVC 长度越长，其汇率传递效应越小；与简单 GVC 相比，位于复杂 GVC 体系中企业的汇率传递效应更小，汇率更加不完全传递。由此可见，即使企业 GVC 分工位置相同，处于GVC长度更长或复杂GVC中的企业其汇率传递效应越小。

6.4 GVC参与度的叠加效应

随着企业GVC分工位置不断攀升，企业GVC参与程度也会不断深化，那么GVC参与度的深化是否影响GVC分工位置对汇率传递效应的作用？对于这一问题的答案，我们通过引入GVC参与度这一变量进行研究。本书基于Wang等（2017a）提出的企业参与度测度理论，运用WIOD和UIBE数据库测算的2000~2013年的GVC参与度，分为前向参与度和后向参与度。

6.4.1 GVC前向参与度的叠加效应

其中，GVC前向参与度为：

$$Pt\_F=\frac{V\_GVC}{\hat{V}X}=\frac{V\_GVC\_R}{\hat{V}X}+\frac{V\_GVC\_D}{\hat{V}X}+\frac{V\_GVC\_F}{\hat{V}X} \qquad \text{（式 6.14）}$$

前向参与度反映中间品出口中国内增加值占按行业总增加值比重，数值越大表明行业GVC前向参与度越大。中间品出口可以进一步细化分解为直接被进口国吸收的部分、重新返回且被出口国吸收的部分和间接被进口国吸收或重新出口到第三方国家的部分。

6.4.2 GVC后向参与度的叠加效应

GVC后向参与度为：

$$Pt\_B=\frac{Y\_GVC}{Y}=\frac{Y\_GVC\_R}{Y}+\frac{Y\_GVC\_D}{Y}+\frac{Y\_GVC\_F}{Y} \qquad \text{（式 6.15）}$$

后向参与度反映中间品进口中的国内外增加值与行业生产总值的比值，数值越大表明行业GVC后向参与度越大。中间品出口可以进一步细化分解为由进口方直接用于生产最终产品的部分、用于生产国内消费或出口的最终产品的部分和生产最终被第三方国家吸收的出口产品的部分。

6.4.3 模型设定与结果分析

6.4.3.1 模型设定

为了研究GVC参与度深化对于GVC分工位置与汇率传递效应关系的影响，本书借鉴李广子等（2016）方法构建以下模型进行分析：

$$\Delta \ln Price_{ijt}=\beta_0+\beta_1\Delta \ln RER_{jt}+\beta_2\Delta \ln GVC_{it}+\beta_3 Pt_{it}+\beta_4\Delta \ln GVC_{it}\times\Delta \ln RER_{jt}+\beta_5 Pt_{it}\times\Delta \ln RER_{jt}+\beta_6\Delta \ln GVC_{it}\times Pt_{it}\times\Delta \ln RER_{jt}+\beta_7\Delta \ln GVC_{it}\times Pt_{it}+\beta_8 C_{it}+\varphi_{ijk}+\eta_t+\varepsilon_{ijt} \quad (式 6.16)$$

其中，P_t 表示企业 GVC 参与度，既可以表示 GVC 前向参与度，也可以表示 GVC 前向参与度。变量越大意味着企业 GVC 参与度越高；为了方便经济学意义的解释，本书以虚拟变量方式引入企业参与 GVC 的程度。具体而言，依据测度的企业 GVC 前（后）向参与度，按照其数值大小三等分，将数值最小一组定义为 GVC 参与度低，赋值为-1；将中间一组定义为 GVC 参与度中等，赋值为 0；将数值最大一组定义为 GVC 参与度高，赋值为 1；采取这一方法定义企业 GVC 前（后）参与度程度，并进行实证检验。

6.4.3.2 结果分析

表 6-9 中第（1）~（2）列分别基于前向关联和后向关联视角考察 GVC 参与度的调节作用，可以看出，GVC 参与度与汇率交互项回归系数显著为负，表明无论是前向关联还是后向关联，企业 GVC 参与度越高，汇率传递效应越大；上游度与汇率交互项回归系数仍保持显著为正，企业越处于上游，其汇率传递效应越小；企业上游度、GVC 参与度与汇率的交互项（*Up*×*Pt*×*RER*）回归系数显著为负，与上游度和汇率交互项（*Up*×*RER*）的回归系数符号正好相反，说明 GVC 参与度深化抵消了部分上游度对汇率传递效应的影响。第（3）~（4）列是加入控制变量后的回归结果，与第（1）~（2）列相比较，除了前向关联中 GVC 参与度调节作用减弱外，其他回归系数的符号和显著性均保持不变，上游度与汇率的交互项系数仍显著为正，GVC 参与度与汇率交互项的系数显著为负，说明企业 GVC 分工位置攀升和 GVC 参与度加深两者会对汇率传递效应产生截然不同的影响；而企业上游度、GVC 参与度与汇率三者的交互项为负，表明 GVC 参与度深化会减缓 GVC 分工位置对汇率传递效应的影响。换言之，GVC 分工位置升高对汇率传递效应具有摩擦剂作用；而 GVC 参与度深化对汇率传递效应具有润滑剂作用。

表 6-9 GVC 参与度、GVC 分工位置与汇率传递效应

	前向参与度 （1）	后向参与度 （2）	前向参与度 （3）	后向参与度 （4）
RER	0.134*** （12.99）	0.082*** （11.39）	0.087*** （12.02）	0.083*** （11.58）

续表

	前向参与度 (1)	后向参与度 (2)	前向参与度 (3)	后向参与度 (4)
Up×RER	0.521*** (10.04)	0.303*** (8.74)	0.334*** (9.79)	0.311*** (8.92)
Up×Pt×RER	-0.193*** (-2.692)	-0.179*** (-4.370)	-0.05 (-1.227)	-0.182*** (-4.425)
Pt×RER	-0.041*** (-2.700)	-0.050*** (-6.083)	-0.015* (-1.739)	-0.051*** (-6.181)
Up	-0.022*** (-3.139)	0.041*** (8.18)	0.032*** (6.28)	0.042*** (8.25)
Pt	0 0.00	0.018*** (19.19)	-0.010*** (-5.415)	0.018*** (19.18)
Up×Pt	0.104*** (12.55)	0.059*** (12.04)	0.052*** (11.03)	0.060*** (12.05)
固定效应	是	是	是	是
企业—目的国—产品	是	是	是	是
时间固定效应	是	是	是	是
观测值	2183718	3324169	3322331	3322331
R^2	0.015	0.01	0.01	0.01

作为稳健性检验，我们分别基于 GVC 前向关联视角和后向关联视角，将 GVC 参与度按照数值的大小分为低水平、中水平和高水平三组。基于不同 GVC 参与度水平下研究 GVC 分工位置对汇率传递效应的影响。具体结果如表 6-10 所示，第（1）~（3）列分别报告了基于前向关联视角下不同 GVC 参与度下 GVC 分工位置攀升对汇率传递效应的影响；第（4）~（6）列分别报告了基于后向关联视角下不同 GVC 参与度下 GVC 分工位置攀升对汇率传递效应的影响。结果显示，无论是 GVC 前向关联参与度还是 GVC 后向关联参与度，随着 GVC 参与度的深化，GVC 分工位置对汇率传递效应的影响呈逐步下降趋势，意味着 GVC 参与度的深化减缓了 GVC 分工位置对汇率传递效应的影响。

表 6-10　不同 GVC 参与度下 GVC 分工位置对汇率传递效应的影响

	前向参与度低 (1)	前向参与度中 (2)	前向参与度高 (3)	前向参与度低 (4)	前向参与度中 (5)	前向参与度高 (6)
RER	0.089*** (6.19)	0.067*** (3.68)	0.041* (1.75)	0.141*** (11.43)	0.092*** (4.43)	0.067*** (3.64)
Up×RER	0.341*** (4.98)	0.290*** (2.98)	0.287** (2.25)	0.528*** (9.65)	0.263*** (2.72)	0.213** (2.36)
Up	0.053*** (4.76)	0.007 (0.55)	0.006 (0.38)	0.017** (2.02)	0.068*** (6.05)	0.025* (1.88)
Profitr	0.012** (2.09)	0.004 (0.80)	0.008 (1.29)	0.019*** (3.55)	-0.001 (-0.55)	0.012** (2.12)
Scale	0.007*** (2.66)	-0.035*** (-10.75)	0.003 (0.92)	-0.006*** (-2.893)	0.010*** (3.24)	0.021*** (5.60)
企业—目的国—产品	是	是	是	是	是	是
时间固定效应	是	是	是	是	是	是
观测值	1309240	1110367	902724	1338806	1161683	821842
R^2	0.012	0.012	0.006	0.014	0.009	0.012

6.5　本章小结

本章在当前全球经济不确定性增加的背景下，汇率变动不断加剧，GVC 上下游的汇率传递问题是一个重要的话题。与已有研究不同，本书从企业 GVC 分工位置的视角重新审视汇率传递效应问题，在理论分析模型框架下，分析了企业全球价值链分工位置对汇率传递效应的影响机制，并利用 2000~2013 年中国和世界的投入产出表、海关数据库与工业企业数据库的匹配数据分别测度了中国企业 GVC 分工位置以及价值链长度等指标，采用多种计量方法对汇率传递效应的影响进行实证检验。结果表明：其一，企业 GVC 分工位置的不断攀升通过“溢出效应”和“瀑布效应”减弱了汇率传递效应，面临汇率调整时，GVC 上游企业的汇率传递效应小于下游企业，验证了理论假设 4；且无论从投入视角还是从产出视角看，企业 GVC 分工位置均是影响汇率传递效应的重要因素，这一结论在控制其他传导渠道、更改测算数据库或使用不同样本后仍然成立。其二，企业

GVC分工位置可分解为GVC基础位置和价值链长度位置，后者对汇率传递效应起主导作用；进一步将价值链长度分为简单GVC和复杂GVC后发现，位于复杂GVC中企业的汇率传递效应更小。其三，本币贬值期，位于GVC上游和复杂GVC中的企业其汇率传递效应小；异质性分组检验发现，非外资企业或出口产品到发达国家的企业其汇率传递效应更小。其四，GVC参与度深化会减缓上下游的汇率传递效应。换言之，GVC分工位置对汇率传递效应具有摩擦剂作用；而GVC参与度深化对汇率传递效应具有润滑剂作用。

第7章 GVC龙头企业对非龙头企业的汇率溢出效应

与第6章从GVC纵向视角实证检验上游企业对下游企业的汇率传递效应不同，本章尝试从GVC横向视角，进一步实证检验龙头企业对非龙头企业的汇率溢出效应。一般而言，各行业中的龙头企业不仅具有市场领导地位，可以推动整个行业的生产率增长和边际成本降低（Mrazova和Neary，2012；James和Michael，2014），而且还会创造所在行业的比较优势，进而对非龙头企业产生溢出效应（Gaubert和Itskhoki，2018；Bernard等，2018）。在各种溢出效应中，本章从龙头企业的GVC分工位置出发，重点关注龙头企业在出口汇率弹性方面的溢出效应。基于此，本章在第3章理论模型3.3龙头企业对非龙头企业的汇率溢出效应及作用机制的分析框架下，构建龙头企业GVC分工位置影响非龙头企业的出口汇率弹性的计量模型，并对理论假设5、假设6和假设7做出验证与判断。

7.1 龙头企业的汇率溢出效应是否存在

本书首先建立基准回归模型，采用固定效应模型进行计量检验，其次使用2SLS估计处理模型的内生性问题，并采用GMM、替代核心变量等方法完成稳健性检验。

7.1.1 基准回归

7.1.1.1 变量选取与基准模型设定

本书实证设计的基础是出口龙头企业的界定。参照Freund和Pierola（2015）的做法，选取各行业中出口额最大的GVC企业作为出口龙头企业，除此之外的其他企业则视为非龙头企业。Freund和Pierola（2015）发现在32个发展中国家样本中，龙头企业的出口总和占国家总出口的比重平均为14%；反观中国，龙头企业无论是出口额和出口量占所在行业总出口比重逐年稳步提高（见图 7-1），但具有行业异质性（见图 7-2），表明在中国出口龙头对行业具有重要影响，且这种重要性正呈现逐年上升趋势。

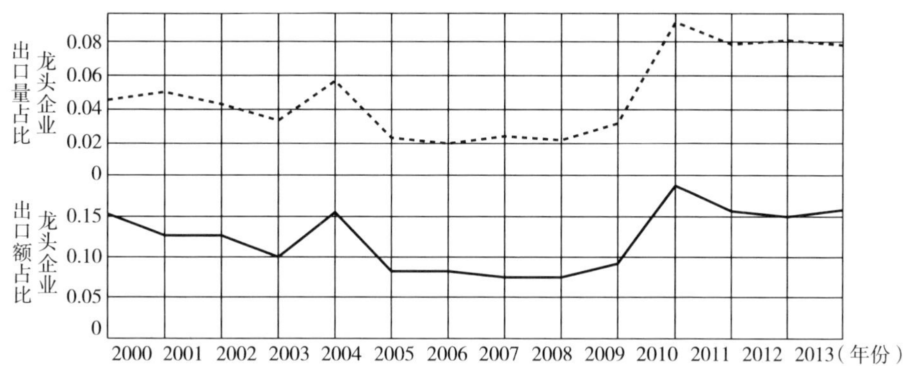

图 7-1　分年度龙头企业出口占各行业出口的比重

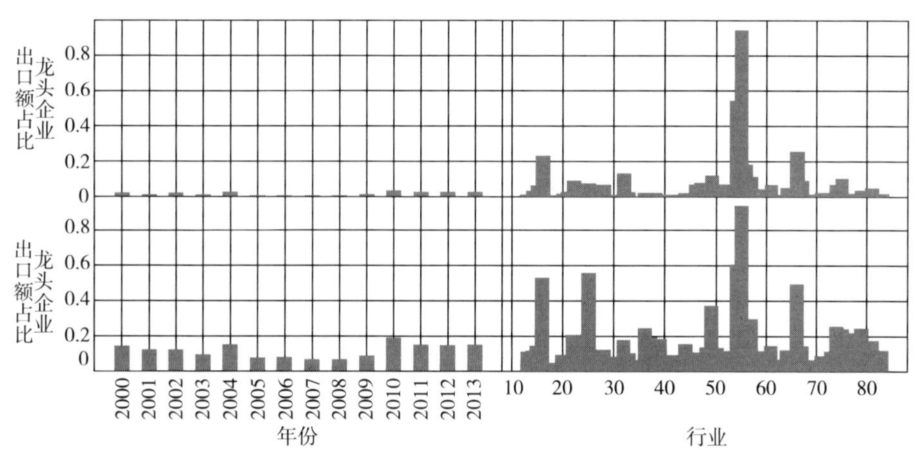

图 7-2　分行业龙头企业出口占各行业出口的比重

与以上发现相呼应的是，龙头企业不但在出口中占有绝对优势还在 GVC 分工位置具有比较优势。通过绘制龙头企业和非龙头企业的上游度核密度图（见图 7-3）可以发现，在相同情况下龙头企业在 GVC 分工体系内处于更加上游的位置，并且呈现逐年攀升的态势（见图 7-4）。

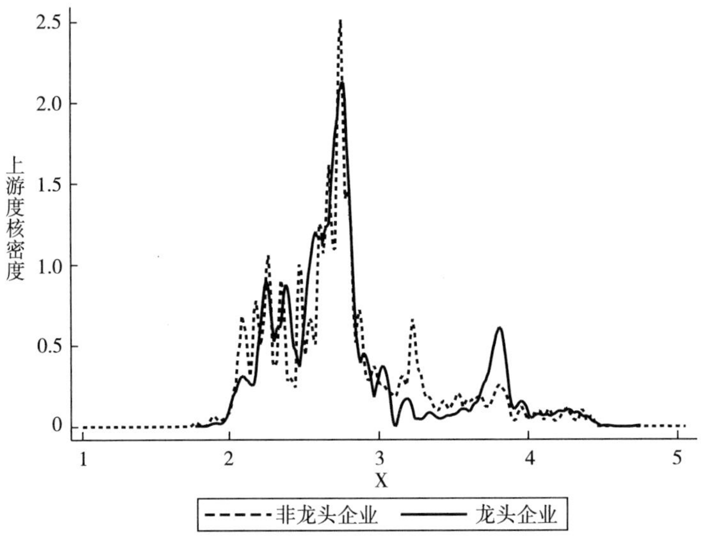

图 7-3　龙头企业和非龙头企业上游度核密度

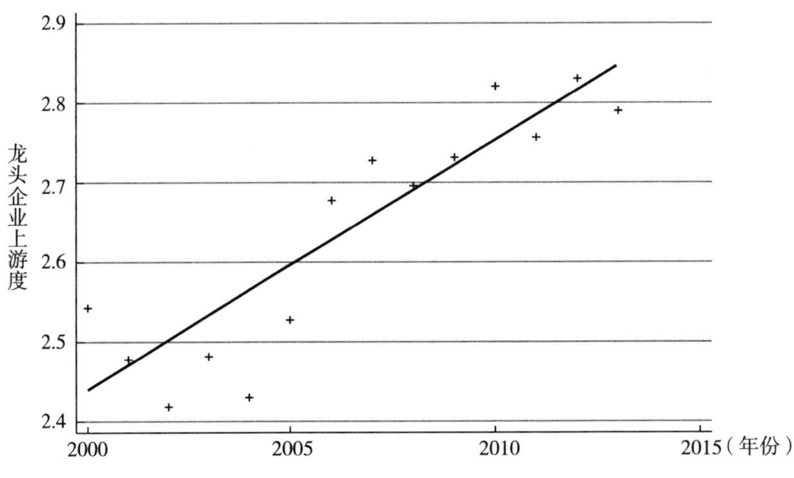

图 7-4　龙头企业上游度趋势

7.1.1.1.1　被解释变量

出口汇率弹性表示汇率每变动 1%，出口数量或出口价格的变动程度，一般采用出口数量或出口价格对汇率的回归系数表示。据此，本书的被解释变量有二：一是非龙头企业的产品出口量（*Quantity*），并以对数形式引入方程；二是非龙头企业的产品出口价格（*Price*）。借鉴 Li 等（2015）使用单位产品价格作为实际价格的代理变量，同样以对数形式引入方程。二者均来自中国海关数据库。

7.1.1.1.2　解释变量

（1）双边实际汇率（*RER*）。本书使用间接标价法，*RER* 数值变大，表示人民币贬值；RER_{jt} 数值变小，表示人民币升值。由于本书研究对象是分出口目的国的双边贸易，故采用反映两个国家之间汇率关系的实际汇率，而非实际有效汇率。

（2）龙头企业的 GVC 分工位置（*Lead*）。采用 Antràs 等（2012）和 Chor 等（2014）提出的上游度来衡量，企业上游度数值越大表明位于企业后面的生产环节越多，企业位置越处于 GVC 上游。

7.1.1.1.3　控制变量

参考 Berman 等（2012）和 Li 等（2015）的做法，分别引入宏观和微观两类控制变量。在宏观层面，引入出口目的国 CPI 平减后的 GDP 指标（*GDP*）和两国地理距离（*Distance*），其中出口目的国 GDP 数据来源于 IMF，用于控制出口目的国经济规模等因素；中国与出口目的国之间的距离，采用地理距离与石油平均现货价格（APSP）的乘积，以反映时变冰山成本，数据分别源于 CEPII 数据库和 IMF。在微观层面，引入企业生产规模（*Size*），采用企业总产值的对数形式衡量；企业利润率（*Profitr*），采用企业利润与企业规模的比值表示；反映企业—产品层面信息的企业出口产品数量（*Knum*）变量和反映企业—出口目的国层面信息的企业出口目的国数量（*Cnum*）变量。上述变量的描述性统计，如表 7-1 所示。

表 7-1　主要变量的描述性统计

变量名称	样本量	均值	方差	最大值	最小值	偏度	峰度
非龙头企业出口量（*Quantity*）	9263914	7.53	3.27	13.76	0	-0.35	2.61
非龙头企业出口价格（*Price*）	9263914	2.07	2.06	8.52	-1.62	0.99	4.22
龙头企业上游度（*Lead*）	9334955	2.69	0.50	4.76	1.76	1.49	5.07
双边实际汇率（*RER*）	9263914	0.98	2.07	2.72	-7.43	-2.08	6.78
目的国 GDP（*GDP*）	8357905	10.91	0.79	12.33	6.98	-1.43	4.64
两国地理距离（*Distance*）	9244200	13.87	0.71	15.27	11.19	-0.69	3.20
企业规模（*Scale*）	9333928	11.64	1.56	15.94	8.93	0.67	4.63
企业利润率（*Profitr*）	9333593	0.04	0.09	15.36	-1.44	9.44	3.22
出口产品种类（*Knum*）	9263914	5.52	5.51	18.00	1.00	1.29	832.82
出口目的国数量（*Cnum*）	9263914	10.53	9.73	30.00	1.00	0.85	2.39

7.1.1.1.4　基准模型设定

为了更加符合出口汇率弹性的经济学定义，将出口额和实际汇率对数化引入基准模型。基准模型设置如下：

$$\ln X_{ijkt}=\alpha+\beta_1\ln RER_{jt}+\beta_2 Lead_{it}\times\ln RER_{jt}+\beta_3 Lead_{it}+\gamma_1 B_{jt}+\gamma_2 C_{it}+\varphi_{ijk}+\eta_t+\varepsilon_{ijkt}$$

（式 7.1）

其中，i 是中国出口企业，j 是出口的目的国，k 是出口产品；年份 t 是出口年份。X_{ijkt} 是产品出口量或产品出口价格，B_{jt} 是宏观层面的控制变量，C_{it} 是企业层面的控制变量。为保证研究结论的稳健性，同时加入企业—目的国—产品层面的固定效应（φ_{ijk}）和时间固定效应（η_t）；为了解决异方差和序列相关等问题，所有检验的标准误差均进行企业层面的聚类调整。从经济学意义上讲，系数 β_1 根据被解释变量的不同可以分别表示出口量汇率弹性和出口价格汇率弹性，系数 β_2 则表示龙头企业上游度对非龙头企业出口汇率弹性的影响。

7.1.1.2　基准回归结果

经过 Hausman 检验后，本书采用固定效应回归模型进行检验，估计结果见表 7-2。

表 7-2　基准检验

	Quantity (1)	*Price* (2)	*Quantity* (3)	*Price* (4)	*Quantity* (5)	*Price* (6)
RER	0.061*** (3.23)	0.163*** (20.64)	0.124*** (6.58)	0.162*** (20.37)	0.162*** (8.83)	0.161*** (20.36)
Lead×RER	−0.005*** (−2.686)	0.002*** (2.75)	−0.004** (−2.176)	0.001* (1.89)	−0.010*** (−5.84)	0.001* (1.82)
Lead	0.003 (0.50)	−0.009*** (−2.60)	0.003 (0.52)	−0.009** (−2.56)	0.020*** (3.55)	−0.009** (−2.39)
GDP			0.711*** (26.28)	−0.120*** (−10.61)	0.629*** (25.03)	−0.120*** (−10.68)
Distance			0.159*** (9.48)	0.719*** (80.17)	−0.278*** (−17.39)	0.711*** (75.43)
Scale					0.167*** (31.56)	0.019*** (5.77)
Profitr					0.160*** (7.51)	0.127*** (9.86)

续表

	Quantity (1)	*Price* (2)	*Quantity* (3)	*Price* (4)	*Quantity* (5)	*Price* (6)
Knum					0. 060*** (51. 41)	-0. 002*** (-3. 57)
Cnum					0. 059*** (87. 49)	-0. 001*** (-3. 38)
企业—目的国—产品	是	是	是	是	是	是
时间固定效应	是	是	是	是	是	是
观测值	9186887	9186887	8282452	8282452	8282048	8282048
R^2	0. 004	0. 085	0. 005	0. 086	0. 038	0. 086

注：括号内数字为变量的 t 统计值，* 表示 p<0. 10，** 表示 p<0. 05，*** 表示 p<0. 01；所有标准差在企业层面聚类调整。下同。

第（1）~（6）列分别考察了不加入控制变量、只控制宏观变量、同时控制宏观和微观变量三种情形下，龙头企业上游度对非龙头企业出口汇率弹性的影响。估计结果显示，不管是否加入控制变量，双边实际汇率（*RER*）的系数为正，说明在间接标价法下，汇率升高（人民币贬值）会导致出口产品的离岸出口价格和出口数量都会增加，与传统贸易下贬值带来出口增加的理论保持一致。在反映出口量的奇数列中，实际汇率水平与龙头企业上游度交互项（*Lead×RER*）的系数均显著为负，说明龙头企业上游度会对非龙头企业出口量汇率弹性产生显著负向影响；在反映出口价格的偶数列中，交互项（*Lead×RER*）的系数显著为正，说明龙头企业上游度越高，非龙头企业出口价格汇率弹性越大，与理论推导结论保持一致。龙头企业上游度的提升会降低非龙头企业的出口量汇率弹性，同时提高非龙头企业的出口价格汇率弹性，这也意味着随着龙头企业上游度的提高，非龙头企业应对汇率风险的能力也相应得以提高。换言之，在面临汇率变动时，受龙头企业 GVC 分工位置不断扩大影响，非龙头企业有能力在更大范围内调整产品离岸出口价格，保持出口的总体相对稳定，进而提高企业在汇率变动波浪中保持出口稳定的能力。表明龙头企业存在汇率溢出效应。

控制变量的回归结果显示，在宏观控制变量中，出口目的国经济发展水平越高，出口到目的国的产品出口数量越大；目的国 GDP 对于出口价格而言显著为负，说明高收入目的国对于中国出口商品的需求主要停留在低价位产品区间，在一定程度上说明中国出口产品结构需要进一步优化。两国地理距离对于出口数量和出口价格均显著为正，这可能归因于美国、欧洲等地理距离较远的国家和地区已经成为中国重要的贸易伙伴。在微观控制变量中，企业规模和企业利润率系数均显著为正，说明规模大和利润率高的企业具有更大出口数量和出口价格，与传统出口贸易理论保持一致；对于出口量而言，企业出口产品种类和企业出口目的国的数量显著为正，表明出口多元化有助于出口数量的增长；出口多元化不但包括出口产品种类的多样化也包括出口目的国的多样化；但是对于出口价格而言，出口多元化并未带来价格的提升。

7.1.2 稳健性检验

7.1.2.1 更换龙头企业标准

本书参照 Maria 和 Orsetta（2013）的做法更换龙头企业衡量标准，选取出口额最大的三家企业作为龙头企业。表 7-3 中第（1）~（2）列结果表明，龙头企业上游度对非龙头企业出口汇率弹性的影响仍然十分显著，其中龙头企业上游度对非龙头企业出口量汇率弹性产生负向影响，对非龙头企业出口价格汇率弹性产生正向影响，与基准模型结论保持一致。

7.1.2.2 更换 GVC 分工位置指标

国内增加值的比较优势（*FS*）是体现出口竞争优势的主要指标之一。考虑到企业 GVC 分工位置与之相关，即上游度高的企业出口竞争优势越大，在国内增加值中越占据比较优势，故本书使用龙头企业国内增加值的比较优势更换企业上游度，并采用 GVC 国内增加值（*DVA*）贸易的核算方法反映参与 GVC 分工的比较优势和专业化水平（Ceglowski，2017），其中，*DVA* 采用 Koopman 等（2012）的方法测度，具体公式为：

$$DVA = \hat{V}^s L^{ss} \sum_{r \neq s} A^{sr} \sum_{u}^{G} \left(B^{ru} \sum_{t}^{G} Y^{ut} \right) = \hat{V}^s L^{ss} \sum_{r \neq s} A^{sr} L^{rr} Y^{rr} + \hat{V}^s L^{ss} \sum_{r \neq s} A^{sr} \sum_{u}^{G} \left(B^{ru} Y^{us} \right) + \left[\hat{V}^s L^{ss} \sum_{r \neq s} A^{sr} \sum_{u}^{G} \left(B^{ru} \sum_{t \neq s}^{G} Y^{ut} \right) - \hat{V}^s L^{ss} \sum_{r \neq s} A^{sr} L^{rr} Y^{rr} \right] \quad \text{（式 7.2）}$$

从式 7.2 可以看出：隐含在中间产品出口中的国内增加值，需在国外的生产过程中迂回实现。若进一步考虑这些国内增加值是如何和在哪里被最终需求吸收的，可以进一步分解为三部分：①直接被伙伴国家 r 吸收（$\widehat{V^s} L^{ss} \sum_{r \neq s}^{G} A^{sr} L^{rr} Y^{rr}$）。②重新返回且被出口国吸收的国内增加值（$\widehat{V^s} L^{ss} \sum_{r \neq s}^{G} A^{sr} \sum_{u}^{G} B^{ru} Y^{us}$）。③间接被进口伙伴国吸收或重新出口到第三方国家 $\widehat{V^s} L^{ss} \sum_{r \neq s}^{G} A^{sr}(\sum_{u}^{G} B^{ru} \sum_{t \neq s}^{G} Y^{ut} - L^{rr} Y^{rr})$。在

表 7-3　稳健性检验

	更换龙头衡量标准		更换 GVC 分工位置		更换样本企业类型		更换样本时间区间	
	Quantity (1)	*Price* (2)	*Quantity* (3)	*Price* (4)	*Quantity* (5)	*Price* (6)	*Quantity* (7)	*Price* (8)
RER	0.176*** (9.26)	0.157*** (19.31)	0.141*** (8.02)	0.164*** (21.52)	0.068*** (4.14)	0.095*** (15.05)	0.208*** (16.74)	0.195*** (38.05)
Lead×RER	-0.015*** (-6.47)	0.003*** (2.65)	-0.002 (-1.52)	0.000* (-0.13)	-0.005*** (-2.77)	0.002*** (3.05)	-0.011*** (-8.23)	0.001** (2.47)
Lead	0.016* (1.96)	0.007 (1.41)	-0.007* (-1.729)	0.008*** (3.54)	0.022*** (5.10)	-0.020*** (-11.91)	0.005 (1.50)	0 (0.33)
控制变量	是	是	是	是	是	是	是	是
企业—目的国—产品	是	是	是	是	是	是	是	是
时间固定效应	是	是	是	是	是	是	是	是
观测值	8282048	8282048	8282048	8282048	3655368	3655368	7187151	7187151
R^2	0.086	0.065	0.063	0.038	0.063	0.038	0.037	0.075

此基础上，得到最终表达式如下：

$$FS_i^s = \frac{DVA_i^s / \Sigma_i DVA_i^s}{\sum_s DVA_i^s / \sum_{i,\ s} DVA_i^s} \tag{式 7.3}$$

若 FS_i^s 大于 1，表示 s 国 i 行业在 GVC 分工体系中具有比较优势；反之，则呈现为比较劣势。表 7-3 中第（3）～（4）列结果表明，非龙头企业应对汇率风险的能力会随着龙头企业国内增加值比较优势的提高而增强，进而再次证明了结论的稳健性。

7.1.2.3　更换样本企业类型

考虑到出口单产品的企业和出口多产品的企业拥有不同的定价模式（Berman 等，2012），故使用单产品企业样本数据进行稳健性检验。表 7-3 第（5）～（6）列的估计结果显示，对于出口量而言，龙头企业上游度与汇率交互项系数显著为负；对于出口价格而言，龙头企业上游度与汇率交互项系数显著为正，再次说明即使是在单产品出口企业中，龙头企业上游度对非龙头企业的出口量汇率弹性和出口价格弹性也会分别产生负向和正向影响。

7.1.2.4　更换样本时间区间

2005 年汇率改革之前，双边实际汇率的波动主要反映两国 CPI 指数的波动而不是名义汇率的波动。为了体现名义汇率变动对出口的影响，参照 Li 等（2015）的做法，采用汇率改革之后的子样本进行稳健性检验，这一时期的双边实际汇率既体现双边名义汇率变动，也体现双边 CPI 波动情况，故在表 7-3 第（7）～（8）列中汇报了 2005 年汇率改革后的估计结果。结果显示，龙头企业上游度提升，非龙头企业的出口价格汇率弹性明显增大，出口量汇率弹性明显减少，说明汇率改革后的龙头企业 GVC 分工位置的攀升对非龙头企业应对汇率风险能力的提高作用更加明显，基本结论保持不变。

7.1.2.5　工具变量法

考虑到测度误差、遗漏变量等原因有可能造成龙头企业上游度与非龙头企业汇率弹性之间存在内生性问题，本书选取两个工具变量：一是借鉴盛斌等（2020）的做法，选用企业与出口目的国市场接近度作为龙头企业 GVC 分工位置的工具变量。就相关性而言，接近目的国市场可以降低运输成本，有利于提升 GVC 参与度；就外生性而言，出口目的国市场接近度是由自然地理因素决定的，可以认为是外生的。目的国市场接近度采用企业到出口目的国距离的倒数再乘以 100 衡量。二是采用同类型同行业企业上游度的平均水平作为龙头企业 GVC 分工位置的工具变量。其中，同类型企业是指注册类型（国有、私营等细分 14 种）

相同的企业。从相关性来看，同一企业类型的企业上游度之间密切相关；从排他性来看，其他企业的上游度对本企业出口不会产生影响。

本书采用2SLS方法分别进行回归检验，结果见表7-4（A）。第（1）~（3）列是使用目的国市场接近度作为工具变量的结果，其中第一阶段的回归结果显示工具变量的估计系数为正，且在1%水平下显著，表明目的国市场接近度与龙头企业上游度之间存在正相关关系；通过判断Cragg-Donald Wald的F统计量（1261.4）大于10%显著性水平上的临界值（16.38）可知，本书选取的工具变量不存在弱工具变量问题；第二阶段的回归结果显示，龙头企业上游度与汇率交互项（*Lead_IV×RER*）系数对出口价格而言显著为正；对出口量而言显著为负；在考虑了内生性问题的前提下，随着龙头企业GVC分工位置攀升非龙头企业出口价格汇率弹性增加，出口量弹性减小，这一核心结论仍然成立。

表7-4 内生性检验

A. 内生性检验——工具变量						
	工具变量一：出口距离			工具变量二：同类型企业均值		
	第一阶段	第二阶段		第一阶段	第二阶段	
	Lead	*Quantity*	*Price*	*Lead*	*Quantity*	*Price*
RER		0.696*** (8.88)	-4.819*** (-33.88)		1.040*** (71.22)	-0.599*** (-67.58)
Lead_IV×RER		-0.269*** (-9.33)	1.7659*** (33.76)		-0.395*** (-74.33)	0.216*** (66.97)
Lead_IV	0.0105*** (35.52)	2.583*** (12.49)	-13.045*** (34.73)	0.378*** (176.89)	3.930*** (93.72)	-2.162*** (-84.85)
观测值	8351423	8351423	8351423	2996261	2996261	2996261
F值	1261.4	20129.5	2929.97	31289.71	5511.31	10244.92

B. 内生性检验——GMM				
	GMM		GMM（汇改后样本）	
	Quantity	*Price*	*Quantity*	*Price*
RER	0.007*** (3.05)	-0.007*** (-7.71)	0.009*** (3.37)	-0.008*** (-7.77)
Lead×RER	-0.005*** (-6.62)	0.001*** (3.22)	-0.006*** (-6.59)	0.001*** (3.28)

续表

B. 内生性检验——GMM				
	GMM		GMM（汇改后样本）	
	Quantity	*Price*	*Quantity*	*Price*
Lquantity	0.832*** (2318.65)		0.840*** (2227.22)	
Lprice		0.938*** (3784.29)		0.938*** (3485.93)
Lead	0.193*** (73.52)	-0.058*** (-57.79)	0.198*** (71.37)	-0.063*** (-58.37)
观测值	2996170	2996170	2539893	2539893
F 值	30178.5	2378.9	37129.8	3929.7

注：***、**、*分别表示在1%、5%、10%统计水平上显著；括号内数字汇报的是Z统计量。

第（4）~（6）列是使用同类型同行业企业上游度均值作为工具变量的结果，与之相类似，第一阶段的回归结果显示工具变量的估计显著系数为正，且不存在弱工具变量问题；第二阶段的回归结果再次证明在考虑了内生性问题后，核心结论仍然成立。

7.1.2.6 GMM 检验

考虑到企业出口具有一定的持续性，出口的价格和数量可能会受到前期的影响，本书使用动态面板回归进行内生性检验。考虑到样本数据符合大样本特征，符合放松对数据同方差条件和秩条件的要求，故选择广义矩估计 GMM 进行估计。参考盛斌和毛其淋（2011）的方法，设定模型的内生变量为核心解释变量龙头企业上游度和被解释变量的滞后一期项，工具变量分别设置为相应内生变量的滞后项，其余的控制变量视为外生，估计结果见表 7-4（B）中第（1）列和第（2）列。其中，企业出口量滞后期（*Lquantity*）和出口价格滞后期（*Lprice*）的系数均显著为正，说明企业无论是出口价格还是出口量均具有长期正向累积性；龙头企业上游度对非龙头企业出口量汇率弹性影响系数为-0.005，对出口价格汇率弹性影响系数为0.001，且均在1%的水平上显著，进一步验证了龙头企业 GVC 提升对非龙头企业出口应对汇率风险能力具有的积极影响。表 7-4（B）第（3）列和第（4）列采用2005年汇率改革后的企业样本进行检验，结果表明，龙头企业上游度与汇率交互项（*Lead×RER*）系数依然显著，且绝对值变大，表明汇率改革后的龙头企业的汇率溢出效应更加明显。

7.1.3 异质性分组检验

7.1.3.1 基于企业所有权

一般认为，外资企业的出口很大程度上属于企业内贸易，其出口产品的价格和数量不能完全体现市场定价，表现出对汇率变动的不敏感。对此，本书按照出口企业所有权分为外资企业与非外资企业两个组。一般认为，外资企业的出口很大程度可能是企业内贸易，其出口产品的价格和数量不能完全体现市场定价，表现出对汇率变动的不敏感。从表7-5（A）中可以看出，两组企业龙头企业上游度与汇率交互项系数均为显著，外资企业中交互项系数（0.008）小于非外资企业（0.010）。龙头企业的汇率溢出效应在外资企业中更小，与已有研究相一致。

表7-5 异质性分组检验

A. 基于企业所有制

	非外资企业		外资企业	
	Quantity	*Price*	*Quantity*	*Price*
RER	0.171***	0.158***	-0.147*	0.131***
	(16.10)	(37.27)	(-1.86)	(3.88)
Lead×RER	-0.010***	0.001**	-0.008	0.008**
	(-8.21)	(2.31)	(-0.93)	(2.20)
观测值	7849805	7849805	501618	501618

B. 基于GVC类型

	创新密集型		劳动密集型		区域生产型		资源密集型	
	Quantity	*Price*	*Quantity*	*Price*	*Quantity*	*Price*	*Quantity*	*Price*
RER	0.152***	0.119***	0.321***	0.170***	0.036	0.165***	0.181***	0.098***
	(7.76)	(14.38)	(16.24)	(26.76)	(1.64)	(17.90)	(7.94)	(10.30)
Lead×RER	-0.017***	0.002*	-0.024***	0.0001	0.002	-0.001	-0.007**	0.004***
	(-5.790)	(1.74)	(-8.915)	(-0.447)	(0.95)	(-1.245)	(-2.307)	(2.91)
观测值	2433458	2433458	2276233	2276233	1703782	1703782	1868533	1868533

C. 基于非龙头企业的GVC参与度

	前向GVC参与度低		前向GVC参与度高		后向GVC参与度低		后向GVC参与度高	
	Quantity	*Price*	*Quantity*	*Price*	*Quantity*	*Price*	*Quantity*	*Price*
RER	0.166***	0.184***	0.155***	0.108***	0.157***	0.112***	0.227***	0.154***
	(12.53)	(36.52)	(9.18)	(15.02)	(8.88)	(14.90)	(17.18)	(31.12)

续表

C. 基于非龙头企业的 GVC 参与度								
	前向 GVC 参与度低		前向 GVC 参与度高		后向 GVC 参与度低		后向 GVC 参与度高	
	Quantity	*Price*	*Quantity*	*Price*	*Quantity*	*Price*	*Quantity*	*Price*
Lead×RER	-0.013***	0.0001	-0.006***	0.002***	-0.008***	0.002*	-0.011***	0.002***
	(-7.73)	(0.78)	(-3.630)	(2.61)	(-4.11)	(1.91)	(-7.35)	(3.32)
观测值	4921178	4921178	3430245	3430245	4915413	4915413	3436010	3436010

D. 基于非龙头企业的位置分位数						
	前 70%		前 30%		前 10%	
	Quantity	*Price*	*Quantity*	*Price*	*Quantity*	*Price*
RER	-0.006***	0.002***	-0.005***	0.002***	0.001	-0.001
	(-3.88)	(2.77)	(-2.84)	(3.44)	(0.40)	(-0.64)
Lead×RER	0.155***	0.110***	0.153***	0.102***	0.101***	0.146***
	(11.15)	(19.15)	(9.44)	(14.58)	(4.18)	(13.98)
观测值	5378421	5378421	3513907	3513907	1507543	1507543

7.1.3.2 基于 GVC 类型

根据麦肯锡研究院的研究报告，基于要素投入和贸易强度等指标将 GVC 分为六类，其中生产型 GVC 包括创新密集型、劳动密集型、区域生产型和资源密集型。本书按照生产型 GVC 的四种类型进行异质性分组检验。表 7-5（B）的估计结果显示，除了区域生产型 GVC 外，龙头企业上游度与汇率交互项的估计系数均通过了 1%的显著性水平，但是影响系数存在一定差异。首先，就龙头企业上游度对于非龙头企业出口量汇率弹性的影响来看，在劳动密集型 GVC 中影响程度最大，创新密集型和资源密集型次之；其次，就龙头企业上游度对于非龙头企业出口价格汇率弹性的影响来看，在资源密集型 GVC 中影响程度最大，创新密集型次之，说明龙头企业 GVC 分工位置的攀升对劳动密集型 GVC 中出口量汇率弹性的降低程度最大，对资源密集型 GVC 出口价格汇率弹性的提高程度最大。究其原因，劳动密集型 GVC 中企业的 GVC 分工位置一般比较偏低，且出口量相对于其他 GVC 类型较大，提高龙头企业 GVC 分工位置对于劳动密集型 GVC 而言，可以更大程度地提高其出口市场占有率，进而稳定其出口量，降低其出口量汇率弹性；而资源密集型 GVC 包括采矿、能源等行业，由于具有较高的初始资本从而具有一定的自然垄断程度，其对于价格掌控能力比较强；提高龙头企业 GVC 分工位置意味着更强的依市定价能力，因此，在资源密集型 GVC 中出口价格汇率弹性的影响程度更大。

7.1.3.3 基于GVC参与度

考虑到非龙头企业的GVC参与度不同，会受到不同程度的汇率变动影响，龙头企业对其产生的汇率溢出效应也可能有所差异，本书参照Wang等（2017a）测度GVC参与度的方法，将企业参与程度分为GVC参与度高和GVC参与度低两组，从表7-5（C）中可以看出，非龙头企业参与GVC程度越高，尤其是后向GVC参与程度越高，受到龙头企业汇率溢出影响越显著。究其原因，前向GVC参与度越高，表明企业出口产品更多地被国外用作中间产品等；后向GVC参与度越高，表明企业更多地使用国外进口中间品。相对于前向GVC参与度高的企业，龙头企业GVC分工位置攀升对于后向GVC参与度高企业的影响更显著，这是由于随着龙头企业GVC分工位置对于国外的关键零部件和中间产品的议价能力增强，降低中间品投入成本，同时增加企业加成，提高应对汇率风险的能力。

7.1.3.4 基于位置分位数

考虑到对处于不同GVC分工位置的非龙头企业而言，龙头企业的汇率溢出效应可能存在差异，本书将非龙头企业的GVC分工位置按照其分位数来划分，即借鉴Berman等（2012）的做法，按照上游度十分位法进行分组，选取Top 70%、Top 30%和Top 10%分别代表GVC分工位置处于低端、中端和高端的非龙头企业，且每一个子样本中都包含了GVC分工位置最高的子样本数据。表7-5（D）的估计结果显示，随着非龙头企业上游度的提高，龙头企业的汇率溢出效应逐步降低，主要是由于上游度越高子样本中非企业龙头企业本身已经具有很强应对汇率风险的能力，在上游度越高子样本中，虽然龙头企业对非龙头企业也存在一定的汇率溢出效应，但影响程度和显著程度大大降低。这也表明GVC分工位置越低的行业中，提高其龙头企业GVC分工位置所产生的汇率溢出效应越明显。

7.2 龙头企业的汇率溢出效应从何而来

为了验证第3章的理论模型推导的价值链延长效应、生产率溢出效应和成本降低效应是出口龙头企业影响非龙头企业汇率弹性的三条传导渠道，本书采用中介效应方法对作用机制进行检验，其中价值链长度（*Length*）、企业生产率（*TFP*）和生产成本（*Cost*）为中介变量。

7.2.1 价值链长度渠道

本书利用 Wang 等（2017b）方法对 GVC 长度进行测度，并且基于 GVC 前向关联和后向关联视角将其分为国内价值链和国外价值链两部分，其中国内价值链长度（*Length*）是本书的中介变量。

（1）基于前向关联视角，价值链长度的矩阵形式为：

$$Length_F=\frac{\hat{V}BB\hat{Y}\mu}{\hat{V}B\hat{Y}\mu}=\frac{\hat{V}BBY}{\hat{V}BY}=G\mu' \quad \text{（式 7.4）}$$

其中，G 为高斯逆矩阵。u 为 $1\times N$ 矩阵，元素都为 1。进一步将价值链长度可分解为国内部分、传统贸易部分和 GVC 部分，分解过程如下：

$$PLv=PLv\_D+PLv\_RT+PLv\_GVC \quad \text{（式 7.5）}$$

其中，PLv_D、PLv_RT 和 PLv_GVC 分别表示前向关联中国内部分价值链长度、传统贸易部分价值链长度和 GVC 部分价值链长度，其中传统贸易部分和 GVC 部分属于国外价值链长度。

（2）基于后向关联视角，价值链长度的矩阵形式为：

$$Length_B=\frac{Xy}{Y}=\frac{u\hat{V}BB\hat{Y}}{u\hat{V}B\hat{Y}}=\frac{VBB\hat{Y}}{VB\hat{Y}}=uB \quad \text{（式 7.6）}$$

其中，B 为里昂惕夫逆矩阵。u 为 $1\times N$ 矩阵，元素都为 1。同样地，将价值链长度分解为国内部分、传统贸易部分和 GVC 部分，即

$$PLy=PLy\_D+PLy\_RT+PLy\_GVC \quad \text{（式 7.7）}$$

其中，PLy_D、PLy_RT 和 PLy_GVC 分别表示后向关联中国内部分价值链长度、传统贸易部分价值链长度和 GVC 部分价值链长度，传统贸易部分和 GVC 部分同样属于国外价值链长度。

价值链长度的中介效应结果如表 7-6 所示。本书分别基于前向链接视角和后向链接视角，估计了龙头企业上游度与非龙头企业国内价值链长度的关系。其中，第（1）列是基于前向链接视角下龙头企业上游度与非龙头企业国内价值链长度的关系，系数显著为正，说明龙头企业上游度越高，非龙头企业的前向价值链长度越长；第（2）~（3）列前向链接视角下价值链长度中介渠道结果显示，价值链长度与汇率交互项对于出口量的回归系数均显著为负，对于出口价格的回归系数显著为正，表明前向价值链延长可以显著增大出口价格汇率弹性；降低出口量汇率弹性，理论推导中的价值链延长效应成立。同理，第（4）列是基于后向链接视角下龙头企业上游度与非龙头企业价值链长度的关系，系数也显著为正，说明龙头企业上游度越高，非龙头企业的后向价值链长度也越长。第

（5）~（6）后向链接视角下价值链长度中介渠道结果显示，价值链长度与汇率交互项对出口量的回归系数均显著为负，表明后向价值链延长也显著降低出口量汇率弹性，且出口量后向价值链延长效应（-0.038）分别大于其前向价值链延长效应（-0.023）；对于出口价格的回归系数为正，但不显著，表明后向价值链延长对提高非龙头企业的出口价格汇率作用不明显。同时，龙头企业上游度对非龙头企业出口汇率弹性的直接影响均小于基准模型，如前向价值链延长效应中龙头企业上游度对非龙头企业出口量汇率弹性影响由-0.010变为-0.007，对非龙头企业价格汇率影响没有显著变化；后向价值链延长效应中龙头企业上游度对非龙头企业出口量汇率弹性影响由-0.010变为-0.003，对非龙头企业价格汇率没有显著变化。以上结论表明，无论基于前向关联视角还是后向关联视角，龙头企业GVC分工位置对非龙头企业出口汇率弹性的影响，部分是通过国内价值链延长效应这一中介渠道来实现的，验证了理论假设5。

表7-6　价值链延长渠道

	前向价值链延长效应			后向价值链延长效应		
	Length (1)	*Quantity* (2)	*Price* (3)	*Length* (4)	*Quantity* (5)	*Price* (6)
Lead	0.003* (1.06)			0.003* (2.01)		
RER		0.258*** (18.16)	0.137*** (24.16)		0.241*** (20.73)	0.156*** (33.61)
Lead×RER		-0.007*** (-5.71)	0.001*** (2.61)		-0.003** (-2.28)	0.001** (2.06)
Length×RER		-0.030*** (-9.39)	0.004*** (2.85)		-0.042*** (-15.55)	0.001 (0.96)
控制变量		是	是		是	是
企业—目的国—产品		是	是		是	是
时间固定效应		是	是		是	是
观测值	8351423	8351423	8351423	8351423	8351423	8351423
R^2	0.063	0.038	0.086	0.063	0.038	0.085

7.2.2　企业生产率渠道

本书基于鲁晓东和连玉君（2012）的方法，采用固定效应计算企业生产率

（*TFP*），将其对数化处理后作为中介变量进行检验。

生产率溢出的中介效应结果见表 7-7。在估计龙头企业上游度与非龙头企业生产率和企业生产成本的关系时，第（1）列是龙头企业上游度与非龙头企业生产率的关系，系数显著为正，说明龙头企业上游度越高，非龙头企业的企业生产率也越高；第（2）~（3）列生产率中介渠道结果显示，生产率与汇率交互项对于出口量的回归系数均显著为负，表明企业生产率提高显著降低出口量汇率弹性；对于出口价格的回归系数为正不显著，说明龙头企业上游度通过生产率渠道增大非龙头企业的出口价格汇率弹性渠道不是十分明显。在生产率渠道的估计结果中，龙头企业上游度对非龙头企业出口汇率弹性的直接影响小于基准模型，例如，龙头企业上游度对非龙头企业出口量汇率弹性影响由-0.010 变为-0.009；对非龙头企业价格汇率影响的显著性降低，这表明龙头企业 GVC 分工位置对非龙头企业出口汇率弹性的影响有一部分是通过生产率溢出效应中介机制进行传导，验证了理论假设 6。

表 7-7　企业生产率渠道与企业成本降低渠道

	生产率溢出效应			成本降低效应		
	TFP (1)	*Quantity* (2)	*Price* (3)	*Cost* (4)	*Quantity* (5)	*Price* (6)
Lead	0.002* (1.67)			-0.001* (-1.87)		
RER		0.161*** (8.80)	0.156*** (19.48)		0.138*** (7.53)	0.169*** (19.88)
Lead×RER		-0.009*** (-5.65)	0.002** (2.30)		-0.008*** (-4.78)	0.001 (0.91)
TFP×RER		-0.001*** (-2.73)	0.000 (1.05)			
Cost×RER					0.012*** (7.59)	-0.004** (-2.27)
控制变量	是	是	是	是	是	是
企业—目的国—产品	是	是	是	是	是	是
时间固定效应	是	是	是	是	是	是
观测值	7926314	7926314	7926314	8282048	8282048	8282048
R^2	0.006	0.039	0.086	0.003	0.038	0.086

7.2.3 企业生产成本渠道

企业生产成本（*Cost*）：根据理论模型可知，龙头企业主要通过降低中间投入品价格影响非龙头企业生产成本，因此，生产成本采用中间品投入占总成本的比重作为中介变量。

表 7-7 还汇报了成本降低中介效应的估计结果。在估计龙头企业上游度与非龙头企业生产率和企业生产成本的关系时，第（4）列龙头企业上游度与非龙头企业生产成本的关系，系数显著为负，说明龙头企业上游度越高，非龙头企业的企业生产成本越低；第（5）~（6）列生产成本中介渠道结果显示：生产成本与汇率的交互项，对于出口量的回归系数显著为正，对于出口价格的回归系数显著为负，表明企业生产成本降低可以显著增大出口价格汇率弹性，降低长期出口量汇率弹性。生产成本渠道的估计结果中，龙头企业上游度对非龙头企业出口汇率弹性的直接影响小于基准模型，生产成本效应中龙头企业上游度对非龙头企业出口量汇率弹性影响由-0.010 变为-0.008，对非龙头企业价格汇率的影响显著性降低，这表明龙头企业 GVC 分工位置对非龙头企业出口汇率弹性的影响有一部分是通过成本降低效应中介机制进行传导，验证了理论假设 7。

7.3 “双重嵌入”如何调节龙头企业的汇率溢出效应

中国自加入 WTO 以来，同时嵌入产业集群和 GVC 的“双重嵌入”趋势愈加明显。具体而言，“第一重嵌入”是在国内嵌入本地产业集群。龙头企业和非龙头企业通过横向集聚、纵向集聚和空间集聚，嵌入到本地产业集群中，其中横向集聚是指在横向分工上趋于区域化集聚，相近或相似生产环节在一个区域内进行集中生产，从而在一个区域形成集聚化的趋势，属于传统意义上的产业集群；纵向集聚是指在纵向分工上趋于缩短，在产品生产环节分散在不同企业中，以工序、环节为对象的纵向分工体系，缩回到单个企业或同一集群内部进行，促使集群内企业间形成上下游关系，促进国内价值链的微循环，也可以称之为“纵向一体化”（刘志彪，2020）；空间集聚更侧重于不同区位企业之间的联系，企业在地理空间上的集聚，主要体现产业集聚程度在空间上的不均衡分布。这种横纵兼顾的产业空间集聚化发展促进了龙头企业与非龙头企业的一体化水平。“第二重嵌入”是嵌入 GVC 分工的体现。随着“双重嵌入”模式的不断演进，这无疑会改变龙头企业对非龙头企业的影响程度，基于此，本部分进一步探讨“双重嵌入”如何影响龙头企业的汇率溢出效应。本书在测算 2000~2013 年中国企业横向集聚指标、纵向集聚指标和空间集聚指标的基础上，考察在“双重嵌入”模式如何通过横向集聚、纵向集聚和空间集聚三个维度对龙头企业汇率溢出效应发挥叠加调节作用。

7.3.1 模型设定与变量选择

为了检验三种效应是否存在及其具体的调节方向，在基准模型 7.1 的基础上加入集聚变量与 GVC 分工位置和汇率的交互项，构建以下模型：

$$\ln Export_{ijkt} = \alpha + \beta_1 \ln RER_{jt} + \beta_2 \ln Agg_{idlt} \times \ln RER_{jt} \times Lead_{it} + \beta_3 \ln Agg_{idlt} \times \ln RER_{jt} + \beta_4 \ln RER_{jt} \times Lead_{it} + \beta_5 \ln Agg_{idlt} \times Lead_{it} + \beta_7 Lead_{it} + \beta_7 \ln Agg_{idlt} + \gamma_1 B_{jt} + \gamma_2 C_{it} + \varphi_{ijk} + \eta_t + \varepsilon_{ijkt} \quad \text{（式 7. 8）}$$

其中，Agg_{idlt} 表示集聚，可分别代表横向集聚、纵向集聚和空间集聚，i 代表中国出口企业，d 表示行业，l 表示企业所在地，t 是出口年份，本书在中国城市层面上测算集聚指标。从经济学意义上讲，系数 β_2 表示集聚对汇率溢出效应的调节作用。我们主要关注系数 β_2 的方向，以此考察集聚变量对龙头企业汇率溢出效应的叠加调节作用。

7.3.2 横向集聚对汇率溢出效应的调节作用

借鉴结合 Hu 等（2015）和 Wang 等（2017a）方法，构建横向集聚指标（Agg_H）衡量横向集聚水平，具体指标有二：在“双重嵌入”视角下，同地区同行业内企业总体数量和同地区同行业内企业平均规模，其公式如下：

$$Agg\_H_1 = Agg\_NC_{dlt} \times (Pat\_GVC) = \left(\sum_{i \in d,\ l} N_{it}\right) \times (Pat\_GVC) \quad \text{（式 7. 9）}$$

$$Agg\_H_2 = Agg\_YC_{idlt} \times (Pat\_GVC) = \left\{\left(\sum_{m \in d,\ l} Y_{mt}\right) - Y_{it} / (agg\_NC_{dlt} - 1)\right\} \times (Pat\_GVC) \quad \text{（式 7. 10）}$$

其中，Agg_NC_{dl} 表示 t 年地区 l 行业 d 内的企业总体数量；Agg_YC_{idlt} 表示 t 年地区 l 行业 d 内企业的平均规模（去除企业 i 本身）；Pat_GVC 表示 GVC 嵌入度，使用 Wang 等（2017a）方法测度 GVC 参与度（下同）。Agg_NC_{dl} 和 Agg_YC_{idlt} 主要体现“双重嵌入”中第一重嵌入，国内产业集群的集聚程度；Pat_GVC 体现“双重嵌入”中第二重嵌入，国外嵌入 GVC 的程度，同时结合两者构建“双重嵌入”横向集聚指标，其数值越大表示横向集聚越显著。通过测度发现，中国横向集聚分布出现东西两大集聚区，东部沿海和西部内陆地区，产业集聚的形成与中国产业政策密不可分，中国实施的西部大开发战略以及产业梯度转移均会导致形成目前中国的产业集聚分布状态。

表7-8（A）估计结果显示，在两种测度方法中，龙头企业上游度对非龙头企业出口汇率弹性影响的方向性和显著性均与基准保持一致，即龙头企业GVC分工位置攀升对非龙头企业出口量汇率弹性具有负向影响，对出口价格汇率弹性具有正向影响，三项交互（*Agg_H×Lead×RER*）的系数对出口量的估计系数均显著为负，对出口价格的估计系数均显著为正，这与龙头企业的汇率溢出效应的影响符号保持一致（*Lead×RER*），因此，横向集聚对龙头企业的汇率溢出效应为正向调节，意味着横向集聚程度越高，龙头企业GVC分工位置对非龙头的出口汇率弹性影响越大。究其原因，横向集聚在一定程度上增加了同行业企业间竞争，竞争将激励企业调整生产产品结构、加强创新和劳动力培训以及更新生产设备，提升自身竞争力等，提高企业对于龙头企业溢出效应的吸收能力，进而对龙头企业的汇率溢出效应具有显著的放大作用。

表7-8　不同集聚对汇率溢出效应的调节作用

A. 横向集聚对汇率溢出效应的调节作用

	Agg_NC		Agg_YC	
	Quantity	*Price*	*Quantity*	*Price*
RER	0.259*** (14.37)	0.192*** (28.10)	0.255*** (14.27)	0.191*** (28.09)
Agg_H×Lead×RER	−0.009** (−1.98)	0.012*** (6.99)	−0.009** (−2.13)	0.011*** (6.72)
Lead×RER	−0.013*** (−6.479)	0.001* (1.74)	−0.012*** (−6.21)	0.001 * (1.79)
观测值	2389858	2389858	2411125	2411125

B. 纵向集聚对汇率溢出效应的调节作用

	Upagg		*Downagg*		*GVCagg*	
	Quantity	*Price*	*Quantity*	*Price*	*Quantity*	*Price*
RER	0.255*** (14.28)	0.191*** (28.14)	0.256*** (14.31)	0.190*** (28.01)	0.255*** (14.27)	0.190*** (28.03)
Agg_V×Lead×RER	−0.006** (−2.041)	0.008*** (6.88)	−0.005** (−2.093)	0.007*** (6.96)	−0.006** (−2.05)	0.007*** (6.82)
Lead×RER	−0.012*** (−6.21)	0.001* (1.76)	−0.012*** (−6.24)	0.001* (1.84)	−0.012*** (−6.16)	0.001* (1.83)
观测值	2411858	2411858	2411858	2411858	2410823	2410823

续表

C. 空间集聚对汇率溢出效应的调节作用				
	G		*EG*	
	Quantity	*Price*	*Quantity*	*Price*
RER	0.264***	0.185***	0.261***	0.186***
	(16.10)	(29.49)	(15.90)	(29.56)
Agg_S×Lead×RER	−0.013	0.014**	−0.009**	0.006***
	(−0.911)	(2.52)	(−1.99)	(3.39)
Lead×RER	−0.012***	0.00001	−0.011***	0.00003
	(−6.49)	(0.44)	(−6.24)	(0.38)
观测值	2967415	2967415	2967313	2967313

7.3.3 纵向集聚对汇率溢出效应的调节作用

同样借鉴结合 Hu 等（2015）和 Wang 等（2017a）方法，分别构建上游集聚、下游集聚和 GVC 集聚纵向集聚指标（*Agg_V*）来表征纵向集聚水平，具体公式如下：

$$Upagg_{dl}=\{\sum_{m,\ m\neq d}(\sigma_{md}Y_{ml})/\sum_{m,\ m\neq d}(\sigma_{md}N_{ml})\}\times(Pat\_GVC) \quad (式 7.11)$$

其中，*Upagg* 表示上游行业集聚，其中系数矩阵（σ_{md}）表示行业 m 投入行业 d。一般认为，所有的中间品投入行业均是上游行业，参照 Maria 和 Orsetta（2013）、Hu 等（2015）等做法，使用 WIOT 原始数据作为投入系数矩阵，求出中间品投入占总投入的比重作为权重与该中间品行业的产业集聚程度相乘，得到上游行业的加权平均集聚程度。

$$Downagg_{dl}=\{\sum_{m,\ m\neq d}(\sigma_{dm}Y_{ml})/\sum_{m,\ m\neq d}(\sigma_{dm}N_{ml})\}\times(Pat\_GVC) \quad (式 7.12)$$

其中，*Downagg* 表示下游行业集聚，其中系数矩阵 σ_{dm} 表示行业 d 投入行业 m。采用本行业产出作为中间品的行业即为下游行业，使用 WIOT 原始数据求出产出作为中间品投入占总产值的比重，作为权重与使用该中间品的下游产业集聚度相乘，得到下游行业的加权平均集聚程度。

$$GVCagg_{dl}=\{\sum_{m,\ m\neq d}(\sigma_{md}^{gvc}Y_{ml})/\sum_{m,\ m\neq d}(\sigma_{md}^{gvc}N_{ml})\}\times(Pat\_GVC) \quad (式 7.13)$$

其中，*GVCagg* 表示 GVC 投入产出关系视角下的行业集聚，其中系数矩阵（σ_{md}^{gvc}）是 GVC 增加值矩阵，借鉴 Wang 等（2017a）方法对里昂惕夫逆矩阵分解，拆除国内价值链（属于国内的投入产出完全消耗数据），保留国外 GVC（属于 GVC 生产体系中的投入产出系数矩阵数据），体现参与 GVC 生产的投入产出关系（高敬峰和王彬，2019），具体如下：

假设世界上有 G 个国家，每个国家有 N 个行业，s、$r\in G$，i、$j\in N$。

$$A^{D}=\begin{pmatrix} A^{11} & 0 & \cdots & 0 \\ 0 & A^{22} & \cdots & 0 \\ \vdots & \vdots & \ddots & \vdots \\ 0 & 0 & \cdots & A^{GG} \end{pmatrix},\ A^{F}=A-A^{D} \tag{式 7.14}$$

其中，A^{sr} 表示由 s 国生产被 r 国使用的直接消耗系数矩阵（$N\times N$），A^{D}、A^{F} 分别表示国内直接消耗系数矩阵、国外直接消耗系数矩阵。利用总产出平衡条件，具体表达式为：

$$X^{s}=A^{ss}X^{s}+\sum_{r\neq s}^{G}A^{sr}X^{r}+Y^{ss}+\sum_{res}^{G}Y^{sr}=A^{ss}X^{s}+Y^{ss}+E^{s^{*}} \tag{式 7.15}$$

其中，A^{ss} 为 s 国内对 s 国的消耗系数矩阵；A^{sr} 为 r 国对 s 国的消耗系数矩阵；$E^{s^{*}}=\sum_{r\neq s}^{G}E^{sr}$ 为 s 国家的总出口列向量。E^{sr} 为 s 国向 r 国的总出口。进行重新排列，两边同乘 $L^{ss}=(1-A^{ss})^{-1}$ 可得：

$$X^{s}=(I-A^{ss})^{-1}Y^{ss}+(I-A^{ss})^{-1}E^{s^{*}}=L^{ss}Y^{ss}+L^{ss}E^{s^{*}}=L^{ss}(Y^{ss}+E^{s^{*}}) \tag{式 7.16}$$

按中间产品、最终产品和最终吸收目的地进一步对总出口进行分解得到：

$$\begin{aligned} L^{ss}E^{s^{*}} &= L^{ss}\left(\sum_{r\neq s}^{G}Y^{sr}+\sum_{r\neq s}A^{sr}X^{r}\right)=L^{ss}\sum_{r\neq s}^{G}Y^{sr}+L^{ss}\sum_{r\neq s}A^{sr}X^{r} \\ &= L^{ss}\sum_{r\neq s}^{G}Y^{sr}+L^{ss}\sum_{r\neq s}A^{sr}\sum_{u}^{G}\left(B^{ru}\sum_{t}^{G}Y^{ut}\right) \end{aligned} \tag{式 7.17}$$

将式 7.17 代入式 7.16，两边同乘 $\hat{V}$ 将行业增加值分解为以下三项：

$$(Va^{s})'=\widehat{V^{s}}L^{ss}Y^{ss}+\widehat{V^{s}}L^{ss}E^{s^{*}}=\underbrace{\widehat{V^{s}}L^{ss}Y^{ss}}_{(1)}+\underbrace{\widehat{V^{s}}L^{ss}\sum_{r\neq s}^{G}Y^{sr}}_{(2)}+\underbrace{\widehat{V^{s}}L^{ss}\sum_{r\neq s}A^{sr}\sum_{u}^{G}\left(B^{ru}\sum_{t}^{G}Y^{ut}\right)}_{(3)} \tag{式 7.18}$$

第一项属于国内价值链，主要反映在国内进行消费产品的投入产出关系，第二项属于传统贸易，第三项属于 GVC。第三项中元素分别表示了生产 r 国最终产品所完全消耗的来自 s 国中间品进口的增加值。从 r 国最终产品角度观察，即表示了 r 国最终产品生产来自 s 国初始要素投入的进口价值链流程，隐含在中间产品出口中的国内增加值，写成矩阵形式为：

$$\Delta=\hat{V}LA^{F}B\hat{Y} \tag{式 7.19}$$

式 7. 19 即为 GVC 增加值矩阵，$\hat{V}LA^{F}B\hat{Y}$ 中每个元素为式 7. 18 中第三项的元素。基于此，本书对中国纵向集聚程度进行测度后发现，沿海地区的纵向集聚水平均明显高于内陆地区。这一结论也符合中国实际，基于区域优势等原因促使广东等沿海地的纵向一体化程度明显高于内陆地区。而对于 GVC 集聚而言，沿海集聚分布特征更加明显，说明沿海地区参与 GVC 分工体系中具有比较优势，且具有延长价值链长度，形成 GVC 微循环的潜力。

在此基础上，本书分别考察了上游集聚、下游集聚和 GVC 集聚对龙头企业汇率溢出效应的调节作用。表 7-8（B）估计结果表明，与横向集聚的调节效应一样，纵向集聚对汇率溢出效应的调节方向（$Agg\_V \times Lead \times RER$）也为正向。纵向集聚进一步降低龙头企业 GVC 分工位置对于非龙头企业出口量汇率弹性，提高龙头企业 GVC 分工位置对于非龙头企业出口价格汇率弹性。通过对比发现，上游集聚对出口量汇率弹性的影响（-0. 008）大于下游集聚（-0. 005），对出口价格汇率弹性的影响（0. 008）也大于下游集聚（0. 002）。采用 GVC 增加值投入产出关系的结果再次表明，纵向集聚强化了龙头企业的汇率溢出效应。可能的原因在于，其一，纵向集聚将龙头企业和非龙头企业置于紧密的专业化分工网络和一体化经济中有利于集群内企业互相学习先进的生产工艺，或者获得高质量的中间产品和机器设备。其二，无论是创新产品、创新技术，还是创新设计一般需要面临较大的研发创新风险，产业集群为集群内企业形成分享共担机制，降低研发风险。其三，纵向集聚延长国内的循环链条，不仅能提升 GVC 分工体系的效率，还能促进物质资本、人力资本及知识资本的累积（刘志彪和张少军，2008）。这三个方面均有助于集群内企业的生产力水平提升，与龙头企业本身的生产率溢出效应形成叠加影响，进一步强化龙头企业的汇率溢出效应。

7. 3. 4　空间集聚对汇率溢出效应的调节作用

借鉴空间计量学方法的测度，使用空间基尼系数（G_{dt}）和 EG 指数进行对空间集聚水平（Agg_S），进行测度。其中，空间基尼系数是对空间分布不均等的测度，数值越大表明产业越集中在少数地区，空间基尼系数（G_{dt}）的具体公式为：

$$Agg\_S_1 = G_{dt} \times (Pat\_GVC) = \left\{ \sum_{k} \left(\frac{L_{dt}}{L_t} - \frac{L_{dlt}}{L_{dt}} \right)^2 \right\} \times (Pat\_GVC) \qquad \text{（式 7. 20）}$$

EG 指数是改进的区位基尼系数（Ellison 和 Glaeser，1997）。从概念上讲，EG 指数将行业劳动力的空间集中度与所有行业中所有劳动力都随机分布进行比较，数值越大表示越集中，EG 指数的具体公式如下：

$$Agg\_S_2 = EG_{dt} \times (Pat\_GVC) = \left\{ \frac{G_{dt} - \left[1 - \sum_l \left(\frac{L_{lt}}{L_t}\right)^2\right] \sum_i \left(\frac{L_{idt}}{L_{di}}\right)^2}{\left[1 - \sum_l \left(\frac{L_{lt}}{L_t}\right)^2\right]\left[1 - \sum_i \left(\frac{L_{idt}}{L_{di}}\right)\right]} \right\} \times (Pat\_GVC)$$

（式7.21）

式7.20和式7.21中，L_{it} 为第 t 年地区 l 产业 d 企业i的就业人数，L_{dlt} 为第 t 年地区 l 产业 d 所有企业的就业人数，L_{lt} 为第 t 年地区 l 所有企业就业人数，L_{dt} 为第 t 年产业 d 所有企业的就业人数，L_t 表示第 t 年全行业全地区就业人数。通过测度空间集聚程度后发现，相对于横向集聚和纵向集聚而言，空间集聚分布更加均衡。说明国内价值链正在逐步形成，相对于参与GVC所形成的产业集聚分布特征，空间集聚在国内的分布更加均衡。

表7-8C的估计结果显示，空间集聚对龙头企业汇率溢出效应的调节作用的估计系数（$Agg\_S \times Lead \times RER$）对于出口价格为正，对于出口价格为负，空间集聚对溢出效应的调节方向与龙头企业的溢出效应（$Lead \times RER$）保持一致，表明空间集聚进一步提高了龙头企业的汇率溢出效应，提高非龙头企业对汇率风险能力的应对能力。究其原因，空间集聚会产生资源整合效应，空间集聚有利于整合区域和行业主体间的要素禀赋，按照地区—行业比较优势对生产阶段进行资源优化配置（Waugh，2010；黎峰，2016），有助于降低企业生产成本，提高企业生产率，进而强化龙头企业生产率效应和成本降低效应两大外溢渠道。

上述研究表明横向、纵向和空间集聚进一步强化龙头对非龙头的汇率溢出效应。换言之，集聚程度越高，龙头企业GVC分工位置对非龙头企业出口汇率弹性的影响越大。

7.3.5 不同产业集群下多维集聚对汇率溢出效应调节作用的进一步考察

产业集群内是否存在龙头企业，对于多维集聚发挥对龙头企业汇率溢出效应的调节效应具有显著影响。产业集群内存在龙头意味着在“双重嵌入”中的第一重嵌入，国内产业集聚内龙头企业就会对非龙头企业产生影响；而非“第二重嵌入”国外嵌入GVC时才发挥作用，无疑会促进龙头企业和龙头企业的一体化水平，放大龙头企业对非龙头企业的影响。基于此，本书将产业集聚分为集群内存在龙头企业和集群内不存在龙头企业两大类。存在龙头企业的产业集群多分布于沿海地区，说明中国沿海地区不但具有相对较高的产业集聚程度，还存在龙头企业，纵向集聚的不断发展为龙头企业成长为“链主”企业奠定了良好的发展基础和环境。

表 7-9 则进一步考察了在两类产业集群中，横向、纵向和空间集聚对龙头企业汇率溢出效应的调节作用。从存在龙头企业的集群结果看，对于出口价格而言，龙头企业的溢出效应（*Lead×RER*）估计系数依旧显著为正，表 7-9A 中横向集聚的调节效应（*Agg_H×Lead×RER*）、表 7-9B 中纵向集聚的调节效应（*Agg_V×Lead×RER*）和表 7-9C 中空间集聚的调节效应（*Agg_S×Lead×RER*）估计系数也显著为正；对于出口量而言，龙头企业的溢出效应估计系数显著为负，三种集聚的调节效应估计系数亦显著为负。且无论对于出口价格还是出口数量，三种集聚的调节效应均大于全样本估计结果，表明存在龙头企业的产业集群中集聚的调节效应大于总体平均水平。从不存在龙头企业的集群结果看，对于出口价格而言，龙头企业的溢出效应估计系数显著性明显降低，横向、纵向和空间集聚的调节效应估计系数显著性显著为正；对于出口量而言，龙头企业的溢出效应估计系数显著为负，但是三种集聚的调节效应估计系数不显著。

表 7-9　不同产业集群下多维集聚对汇率溢出效应的调节作用

A. 基于横向集聚调节作用的分组检验——按集群内是否有龙头企业

	集群内存在龙头企业				集群内不存在龙头企业			
	Agg_NC		*Agg_YC*		*Agg_NC*		*Agg_YC*	
	Quantity	*Price*	*Quantity*	*Price*	*Quantity*	*Price*	*Quantity*	*Price*
RER	0.209***	0.128***	0.198***	0.120***	0.263***	0.199***	0.261***	0.199***
	(4.39)	(6.74)	(4.34)	(6.58)	(13.51)	(27.08)	(13.44)	(27.13)
Agg_H×Lead×RER	−0.017	0.012***	−0.018*	0.010***	−0.007	0.011***	−0.007	0.011***
	(−1.62)	(2.97)	(−1.91)	(2.84)	(−1.53)	(6.30)	(−1.56)	(6.03)
Lead×RER	−0.012**	0.004**	−0.009**	0.004**	−0.013***	0.001	−0.013***	0.001
	(−2.503)	(2.01)	(−1.974)	(2.16)	(−6.000)	(1.12)	(−5.916)	(1.09)
观测值	331273	331273	348700	348700	2058585	2058585	2062425	2062425

B. 基于纵向集聚调节作用的分组检验——按集群内是否有龙头企业

	Upagg		*Downagg*		*Upagg*		*Downagg*	
	Quantity	*Price*	*Quantity*	*Price*	*Quantity*	*Price*	*Quantity*	*Price*
RER	0.197***	0.119***	0.197***	0.119***	0.261***	0.199***	0.262***	0.198***
	(4.32)	(6.57)	(4.32)	(6.54)	(13.45)	(27.18)	(13.48)	(27.05)
Agg_V×Lead×RER	−0.013*	0.008***	−0.011*	0.007***	−0.005	0.007***	−0.004	0.006***
	(−1.800)	(2.91)	(−1.79)	(2.94)	(−1.54)	(6.19)	(−1.59)	(6.27)

续表

B. 基于纵向集聚调节作用的分组检验——按集群内是否有龙头企业								
	Upagg		*Downagg*		*Upagg*		*Downagg*	
	Quantity	*Price*	*Quantity*	*Price*	*Quantity*	*Price*	*Quantity*	*Price*
Lead×RER	−0.009**	0.004**	−0.009**	0.004**	−0.013***	0.001	−0.013***	0.001
	(−1.971)	(2.18)	(−1.981)	(2.19)	(−5.924)	(1.06)	(−5.942)	(1.14)
观测值	348870	348870	348870	348870	2062988	2062988	2062988	2062988
C. 基于空间集聚调节作用的分组检验——按集群内是否有龙头企业								
	G		*EG*		*G*		*EG*	
	Quantity	*Price*	*Quantity*	*Price*	*Quantity*	*Price*	*Quantity*	*Price*
RER	0.203***	0.113***	0.200***	0.113***	0.266***	0.200***	0.262***	0.201***
	(6.31)	(8.81)	(6.22)	(8.78)	(13.71)	(27.31)	(13.48)	(27.44)
Agg_S×	−0.071***	0.011	−0.016**	0.008**	0.007	0.014**	−0.007	0.005**
Lead×RER	(−2.734)	(1.09)	(−2.017)	(2.47)	(0.41)	(2.17)	(−1.195)	(2.54)
Lead×RER	−0.006**	0.00003	−0.006**	0.00008	−0.013***	0.001	−0.013***	0.001
	(−2.051)	(−0.259)	(−2.016)	(−0.008)	(−6.048)	(0.93)	(−5.726)	(0.69)
观测值	904427	904427	904332	904332	2062988	2062988	2062981	2062981

上述结果表明，从“双重嵌入”视角进行审视，以是否存在龙头企业区分产业集群，在不同产业集群内龙头企业的溢出效应呈现出不同的特性。相对于不存在龙头企业的产业集群，存在龙头企业的产业集群无论是龙头企业的汇率溢出效应还是三种集聚的调节效应均比较明显。主要源于存在龙头企业的集群为“龙头企业—非龙头企业”系统提供了更好的“溢出”效应环境，“双重嵌入”视角下企业国内进入产业集群，在集群内强化了龙头企业与非龙头企业内在联系，为下一步进入 GVC 后龙头企业的溢出效应奠定基础。

7.4 本章小结

本部分首先构建理论模型，说明龙头企业的 GVC 分工位置主要是通过国内价值链延长效应、生产率溢出效应和成本降低效应三大传导渠道，对非龙头企业的出口汇率弹性产生显著的溢出效应。在此基础上，采用 2000~2013 年世界投入产出表、海关数据库与工业企业数据库匹配后企业—目的国—产品层面数据对理论假设 5、理论假设 6 和理论假设 7 进行实证检验。估计结果显示：其一，随着龙头企业 GVC 分工位置的攀升，非龙头企业的出口价格汇率弹性会提高，出口量汇率弹性会降低，即应对汇率风险的能力会随之提高。其二，中介效应模型的估计结果表明，龙头企业对非龙头企业的汇率溢出效应，主要源自国内价值链延长效应、生产率溢出效应和成本降低效应，证实了理论模型的推断。验证了理论假设 5、理论假设 6 和理论假设 7 的成立。其三，在“双重嵌入”模式下，产业集群通过横向集聚、纵向集聚和空间集聚均对龙头企业的汇率溢出效应具有强化的调节作用，上游集聚对龙头企业的汇率溢出效应的调节作用大于下游集聚。同时，与不存在龙头企业的产业集群相比，存在龙头企业的产业集群无论是龙头企业的汇率溢出效应还是三种集聚的调节效应均更为显著。

第8章　结论、政策建议与研究展望

8.1　主要结论

8.1.1　理论分析结论

首先，本书通过拓展BMM模型分别构建了GVC分工位置影响企业出口量汇率弹性和出口价格汇率弹性的模型；同时从企业和产品两个层面推导了GVC分工位置对出口汇率弹性作用机制的理论模型。其次，在Johnson（2018）模型和GVC内部的“溢出效应”和“瀑布效应”分析的基础上，构建了GVC上游企业对下游企业的出口汇率弹性传递效应理论模型。最后，结合Antràs和Gortari（2020）龙头企业模型、异质性禀赋匹配模型以及Alfaro等（2019）最优生产边界模型，梳理出龙头企业会通过生产率溢出效应、成本降低效应和价值链延长效应影响非龙头企业的出口汇率弹性，从而为经验研究提供理论基础。理论分析部分主要得到以下结论：

（1）GVC分工位置越高，企业出口量的汇率弹性越小，其出口价格的汇率弹性就越大。企业上游度表征GVC分工位置高低，企业上游度与出口量的汇率弹性呈负相关，这说明企业出口量对汇率变动的敏感度随着上游度的升高而降低；当汇率变动时，上游度高的企业对其出口数量调整幅度相对较小，保持了汇率变动下出口量的稳定性。企业上游度与出口价格的汇率弹性呈正相关，这说明企业上游度升高，其出口价格对汇率变动的敏感度随之升高；当本币贬值期间，上游度高的企业更倾向于提高出口价格，而非扩大出口数量；当本币升值期间，上游度高的企业能够更大程度降低其出口价格。

这一理论分析结论表明，在人民币贬值期，相对于下游企业的“随波逐流”，上游企业更倾向于“逆流而上”，通过提高其离岸出口价格，将人民币贬值带来的价格优势更多地转变为成本加成，而非盲目扩大企业出口量；在人民币升值期间，上游企业相机抉择地主动调节出口价格，减少成本加成，更大程度降低其出口价格，从而稳定出口量。

（2）GVC 分工位置通过企业生产率和企业垄断度等渠道影响出口汇率弹性。通过拓展 Melitz（2003）构建的企业上游度与企业生产率模型，由初始资本的异质性出发通过推导分析发现，上游度高的企业具有高的企业生产率。这一结论背后的基本经济学逻辑是，生产率是影响企业成本加成的一个重要因素，高生产率的企业拥有更大的加成率，从而可以通过更大程度调整加成率应对汇率变动，保持出口相对稳定。GVC 分工位置与资源禀赋有关，上游度高的企业多为资本密集型，具有较高的初始资本。结合 Melitz（2003）的分析可以发现，初始资本具有明显的门槛效应，GVC 分工位置上游的高门槛也限制了企业的自由进入，能够进入价值链上游的企业数量较少，形成一定程度的垄断。从动态来看，每一期成功进入的数量恰好是受负面冲击而退出的企业数量。企业数量保持不变，保证了上游企业的垄断度。通过 BMM 模型结合消费者效用函数中产品替代弹性可以推导出，产品的替代弹性越小，出口价格的汇率弹性越大，出口量的汇率弹性就越小。由于 BMM 模型中假设每个企业只生产一种产品，产品替代弹性就是企业的替代弹性，企业替代弹性小意味着企业垄断度高。因此，垄断度高的企业也随之拥有较大的出口价格的汇率弹性和较小的出口量汇率弹性。其背后的基本经济学逻辑是，产品的可替代性小，意味着产品需求量对价格变动不敏感，企业能够在稳定出口量的情况下，更大范围调整其出口价格；同时，企业垄断相当于企业的一种隐性补贴，这种隐性补贴给予企业更大的价格调整空间。

这一理论分析结论表明，GVC 分工位置对出口汇率弹性的影响机制，主要源于企业生产率和企业垄断度的差异。

（3）GVC 上游企业对下游企业具有“溢出效应”和“瀑布效应”，对汇率传递性产生影响。通过拓展 Johnson（2018）模型研究发现，当最终产品的生产被分割在不同国家时，贸易成本中增加了中间投入品的购买价格。一方面，在 GVC 生产过程的跨境联系中，贸易成本会产生溢出效应，即上游的贸易成本会溢出到下游产品的成本中，形成上游贸易成本推动型影响机制，进而上下游企业间具有“溢出效应”。另一方面，从 GVC 角度考察累积贸易成本时发现，上游的贸易成本会随着生产过程进入下一个生产环节，且 GVC 生产体系会将这些额外的贸易成本累积放大。这种机制被称为贸易成本的“瀑布效应”。因此，上游企业的贸易成本表现为额外的销售价格，被转移到下一个生产过程；造成下游企业产品价格受“溢出效应”和“瀑布效应”的影响，隐含的贸易成本增加。“溢出效应”中的总效应与“瀑布效应”中累积贸易成本相似性均对出口汇率弹性产生影响，GVC上游贸易成本通过乘数效应传导到下游，增加下游企业隐含贸易成本。隐含贸易成本与企业出口汇率弹性密切相关，因此“溢出效应”和“瀑布效应”会增大汇率传递性。这一结论背后的基本经济学逻辑是，GVC上游企业的贸易成本会转移到下游企业，造成下游企业产品价格中包含的边际成本占比提高，从而缩小企业加成。根据依市定价理论，下游企业在面临汇率变动时，会根据利润最大化原则确定出口产品价格，其出口价格调整幅度随着累积贸易成本的增大而变小，企业定价能力降低，汇率传递效应增大。

这一理论分析结论表明，GVC上游企业会通过“溢出效应”和“瀑布效应”削弱下游企业的出口汇率弹性，进而GVC上游企业对下游企业具有汇率传递效应。

（4）龙头企业通过价值链延长效应提高了非龙头企业应对汇率风险的能力，通过生产率“溢出效应”促进非龙头企业生产率的提升，进而降低其出口量汇率弹性，增大其出口价格汇率弹性。GVC主导企业模型表明，最优生产路径下的主导企业倾向于将更多的生产环节布局在高生产率或低成本的国家。由于国内运输成本小于国际运输成本，因此，主导企业倾向于在低成本的国内布局更多生产环节，主导企业倾向于延长国内价值链长度；与此同时，增加国内生产环节、延长国内价值链长度会减少汇率风险对出口的影响。处于国内价值链上的非龙头企业会受到同样影响，提高其应对汇率风险能力。采用异质性匹配模型研究龙头企业与非龙头企业间的生产率溢出效应可以发现，龙头企业与非龙头企业间具有生产率差异，而GVC的分工体系会促使龙头企业通过生产率“溢出效应”提升非龙头企业生产率，而企业生产率的提高会进一步增大出口价格汇率弹性，减小出口量汇率弹性。龙头企业通过成本降低效应促进非龙头企业生产率的提升，进而减小其出口量汇率弹性，增大其出口价格汇率弹性。通过拓展Alfaro等（2019）模型分析发现，龙头企业在价值链分工阶段所处上游度越高，其话语权越强，话语权越强意味着对GVC中间投入品的定价能力更强，有助于降低中间投入品的价格；假设同一行业的企业（无论是否为龙头企业）使用同样的中间投入品，那么对于非龙头企业而言，也降低了其中间投入成本，进而降低了生产成本。成本降低效应会对其出口汇率弹性产生影响。企业生产成本降低，出口量汇率弹性减小，出口价格汇率弹性增大。基于以上分析，龙头企业通过降低中间投入品的价格对非龙头企业产生成本降低效应，进而影响了其出口汇率弹性。

这一理论分析结论表明，龙头企业 GVC 分工位置的攀升会同时导致非龙头企业出口价格汇率弹性的提升和出口量汇率弹性的降低，且这些影响主要是通过龙头企业的生产率溢出效应、成本降低效应和价值链延长效应来实现的，进而龙头企业对非龙头企业具有汇率溢出效应。

8.1.2 实证检验结论

（1）GVC 分工位置攀升有助于提高企业抵抗汇率变动风险的能力，显著影响出口汇率弹性。这一结论在长期出口汇率弹性中更加显著。①全样本面板固定效应回归的基准估计结果表明，随着企业上游度的攀升，出口价格的汇率弹性会提高，而出口量的汇率弹性会降低；分别使用同行业企业上游度的平均水平和上游度滞后一期作为工具变量，并运用二阶段最小二乘法（2SLS）处理模型内生性后依然支持该结论；使用替换解释变量测算方法、缩小样本范围以及考虑人民币跨境结算等多种稳健性检验皆证明该结论是可靠的。②考虑到汇率的滞后性和动态性，引入了双边实际汇率滞后一期，将其对数差分形式代入方程，回归系数作为长期出口汇率弹性表明，企业上游度的攀升会提高出口价格的汇率弹性，降低出口量的汇率弹性，这一结论在长期出口汇率弹性中更显著。③从企业性质、汇率变动程度和不同分工位置三个角度进行样本分组，发现在非外资企业和汇率变动剧烈时期，GVC 分工位置对出口汇率弹性的影响明显，且随着上游度的升高，影响逐渐显著。本书采用逐步检验的多重中介效应模型，检验企业生产率和企业垄断度传导机制。联合中介效应结果显示，企业生产率的提高显著增大长期出口价格的汇率弹性，企业垄断度的提高显著降低长期出口量的汇率弹性。联合效应方程中，上游度对出口汇率弹性的直接影响效应均小于基准方程，上游度对短期出口量汇率弹性影响系数由-0.224 变为-0.160；同时上游度对长期出口价格汇率弹性影响系数由 0.122 变为 0.086，可以表明，GVC 分工位置攀升对出口汇率弹性的影响是通过企业生产率和企业垄断度两大中介机制进行传导的。当两种中介渠道同时影响出口汇率弹性时，企业上游度主要通过企业生产率来调整出口价格的汇率弹性，而通过企业垄断度来调整出口量的汇率弹性。

将企业 GVC 分工位置分解后发现，企业提高应对汇率变动的能力主要依靠产业升级效应，而非产品结构效应。本书通过对上游度指标的分解得到升级效应和结构效应，分别检验两种效应对出口汇率弹性的影响后发现，升级效应和结构效应均对出口价格汇率弹性的影响为正，对出口量汇率弹性的影响为负；相对来说，结构效应的作用较小，结构效应对长期出口价格汇率弹性的影响系数为

0.033，小于升级效应的影响系数（0.113）；对长期出口量汇率弹性的影响系数为-0.060，也小于升级效应的影响系数（-0.262）。企业上游度对出口汇率弹性的影响主要通过升级效应的作用。将企业分为上游企业和下游企业后发现，下游企业中结构效应对出口汇率弹性的影响更加显著；与之对应的上游企业情况却相反，上游企业中升级效应对出口汇率弹性的影响更加显著。

（2）上游企业对下游企业具有汇率传递效应。①上游企业通过“溢出效应”和“瀑布效应”增大下游企业的汇率传递效应。这一结论在控制其他传导渠道、替换解释变量测算指标（下游度）、替换解释变量测算投入产出表（WIOT）、缩小样本时间范围（汇率改革后）以及考虑单产品企业等多种稳健性检验后仍然成立。②分别使用同类型企业上游度的平均水平（Registype）和同贸易方式企业上游度的平均水平（Tradetype），采用二阶段最小二乘法（2SLS）处理模型内生性后，该结论依然成立。③分别从企业性质、出口目的国收入水平、汇率变动方向三个方面进一步考察上下游之间的汇率传递效应发现，本币贬值期，位于GVC上游和复杂GVC中的企业，其汇率传递效应小；非外资企业或出口产品到发达国家的企业，其汇率传递效应更小。

（3）将企业GVC分工位置分解为GVC基础位置和价值链长度位置后进行实证检验发现，后者对汇率传递效应起主导作用；进一步将价值链长度分为简单GVC和复杂GVC后发现，位于复杂GVC中企业的汇率传递效应更小。利用Wang等（2017b）方法基于GVC前向关联和后向关联视角对价值链长度进行重新测度、细化分解和实证检验发现，无论是基于前向关联视角还是后向关联视角，GVC长度越长，其汇率传递效应越小；与简单GVC相比，位于复杂GVC体系中企业的汇率传递效应更小，汇率传递更加不完全。由此可见，即使企业GVC分工位置相同，处于长度越长的GVC或复杂GVC中的企业，其汇率传递效应越小。GVC上下游汇率传递效应受GVC嵌入度的调节效应影响。从GVC嵌入度视角研究GVC分工位置对汇率传递效应的影响，表明GVC嵌入度越深，GVC分工位置对汇率传递效应的影响越大，说明嵌入程度深的企业，在同一GVC分工位置对企业定价能力的影响更大，从而影响汇率传递效应。

（4）龙头企业对非龙头企业具有汇率溢出效应。①全样本分别使用面板固定效应和2SLS进行回归分析，结果表明：龙头企业GVC分工位置升高降低非龙头企业出口额出口汇率弹性的机制在于提高其出口价格汇率弹性，降低了其出口量汇率弹性。为了刻画出口的持续性，将基准计量模型扩展为动态面板数据模型，通过系统广义矩估计（GMM）进一步验证了龙头企业对非龙头企业的汇率溢出效应。使用更换龙头企业衡量标准、替换解释变量测度指标（国内增加值比较优势）以及替换样本范围等多种稳健性检验，都证明该结论是可靠的。②分组回归进一步细致考察嵌入链条异质性和企业异质性等特质所带来的不同发现。其一，龙头企业 GVC 分工位置对于非龙头企业出口量汇率弹性的影响，在劳动密集型 GVC 中影响程度最大，创新密集型和资源密集型次之；龙头企业 GVC 分工位置对于非龙头企业出口价格汇率弹性的影响，在资源密集型 GVC 中影响程度最大，创新密集型和劳动密集型次之。其二，随着企业 GVC 分工位置的攀升，龙头企业的汇率溢出效应逐步降低。其三，非外资企业中，龙头企业上游度对非龙头企业出口汇率弹性的影响较明显。其四，非龙头企业参与 GVC 程度越高，受龙头企业汇率溢出的影响越显著，进一步将参与度分为前向 GVC 参与度和后向 GVC 参与度后发现，后向 GVC 参与程度越高，受龙头企业汇率溢出的影响越显著。③采用逐步检验的多重中介效应模型，检验生产率溢出效应、成本降低效应和价值链延长效应。生产率中介渠道结果显示，企业生产率提高显著降低出口量汇率弹性，但龙头企业上游度通过生产率渠道增大非龙头企业的出口价格汇率弹性不是十分明显；生产成本中介渠道结果显示，企业生产成本降低可以显著增大出口价格汇率弹性，降低长期出口量汇率弹性。并且，无论是在生产率渠道还是生产成本渠道的实证结果中，龙头企业上游度对非龙头企业出口汇率弹性的直接影响均小于基准模型。生产率溢出效应中龙头企业上游度对非龙头企业出口量的汇率弹性由-0.010 变为-0.009；生产成本效应中龙头企业上游度对非龙头企业出口量的汇率弹性由-0.010 变为-0.008，对非龙头企业价格汇率的显著性降低；可以表明龙头企业上游度对非龙头企业出口汇率弹性的影响有一部分是通过生产率溢出效应和成本降低效应两大中介机制进行传导。价值链延长效应中介渠道检验结果显示，无论基于前向关联视角还是后向关联视角，龙头企业上游度对非龙头企业出口汇率弹性的影响有一部分是通过价值链延长效应中介机制进行传导的。

（5）在“双重嵌入”模式下，产业集群通过横向集聚、纵向集聚和空间集聚多维度强化龙头企业对非龙头企业的汇率溢出效应。换言之，集聚程度越高，龙头企业 GVC 分工位置对非龙头企业出口汇率弹性的影响越大。进一步从“双重嵌入”视角进行审视，以是否存在龙头企业区分产业集群发现，在不同产业集群内龙头企业的溢出效应呈现不同的特性。相较于不存在龙头企业的产业集群，存在龙头企业的产业集群无论是龙头企业的汇率溢出效应还是三种集聚的调节效应均较为明显。主要源于存在龙头企业的集群为“龙头企业—非龙头企业”系统提供了更好的溢出效应环境，“双重嵌入”视角下企业国内进入产业集群，在集群内强化了龙头企业与非龙头企业内在联系，为下一步进入 GVC 后龙头企业的溢出效应奠定了基础。

8.2 政策建议

基于研究得出的主要结论，在明确 GVC 分工位置对企业出口汇率弹性影响机制的基础上，分别从微观层面和宏观层面提出以下政策建议：

8.2.1 微观层面

第一，提高 GVC 分工位置是企业应对汇率变动风险的有效措施。被 GVC 低端锁定的企业，其汇率传递效应大，汇率变动风险防控能力差。因此，为应对汇率变动风险，一方面，通过产业优化升级，推动出口企业向 GVC 中高端攀升，同时企业自身应加大研发技术投入并扩宽创新途径，努力提升 GVC 分工位置。另一方面，强化 GVC 企业之间上下游关联关系，培育更多能够掌控核心技术和产品的龙头企业，提升行业整体的基础能力和水平。加快实施行业的基础再造能力，支持上下游企业加强技术协同合作攻关。重点选择产业集群中的龙头企业，鼓励其通过纵向集聚将资源集中于核心环节，龙头企业成为 GVC 中不可替代的核心环节后，逐步向上和向下同时延伸产业链，从而提高其他企业在 GVC 分工中的位置。

第二，在 GVC 分工位置攀升过程中，企业在长期内应多关注产品的内部价值链升级，而非盲目改变出口产品种类。明确不同实力的企业在 GVC 升级中的分工位置关系，龙头企业应该朝着引领 GVC 升级的方向发展，可以进行不断投入的累积型创新活动；而非龙头企业可以发挥其首创精神，不断进行微型创新活动。目前，中国国内价值链条还存在许多薄弱环节，如精密设备、电子芯片等行业均是中国国内价值链的软肋。为了打破发达国家在这些高新技术领域和关键部件等方面的垄断，中国企业必须根据不同价值链条特点，进行差异性创新，鼓励行业龙头企业进行长期性持续的创新和突破，通过创新推动内部价值链升级。虽然目前中国企业还无法完全通过创建原创性来实现内部价值链升级，但可以鼓励先进企业充分参与 GVC，通过 GVC 的技术溢出而提高自身创新能力，比如在代工订单的基础上，逐步实现从订单向自主品牌企业的转化；而非过去为了扩大订单，盲目改变生产产品种类，这样企业在 GVC 中的长期分工位置只能被低端锁定。

第三，出口产品到发达国家的企业，其汇率传递效应较小，应对汇率变动风险的能力更强，鼓励企业深化与发达国家之间的 GVC 联系，更有利于增强企业应对汇率风险的能力。GVC 分工体系中的最终控制力取决于 GVC 上的参与者对其治理体系和结构的把控能力，因而可以通过培育更多具有市场势力的企业深化与发达国家之间的 GVC 联系。深化与发达国家之间的 GVC 联系可以获得更多的技术优势。目前发达国家掌握核心技术，企业通过深化与发达国家之间的 GVC 联系可以获得一些技术诀窍，并最终在 GVC 分工体系价值创造中获得更多的收益。

8.2.2 宏观层面

第一，政府部门在制定相关汇率和贸易政策时，要充分考虑 GVC 分工位置。中国高度重视价值链发展，一直强调保护产业链完整性。在汇率变动和贸易摩擦升级环境下，本书为中国企业不与价值链脱钩、保证产业链完整性提供了理论支持和政策建议。在“双循环”新发展格局下，企业需要抓住国内市场规模持续扩大的机遇，通过加大创新力度，发展自主创新技术和自主品牌。过去国内市场规模小，中国参与国际分工主要是通过国际代工，这种依靠国际代工的增长机制不利于中国企业的自主创新，抑制了企业向 GVC 中高端迈进的步伐。在新的发展阶段，要面向国际市场鼓励企业参与 GVC 分工与生产，引导构建国内生产力，提高增加值出口，提升国家竞争力，形成分工、贸易、竞争力的良性循环，促进 GVC 均衡发展。

第二，鼓励龙头企业发挥引导产业集聚发展的作用。龙头企业将其核心部门布置在国内产业集群内既可以依靠集群应对汇率变动的不确定性风险，还有利于主动融入跨国 GVC，实现 GVC、国内产业集群之间的战略互动。引导企业在嵌入本地产业集群的同时又嵌入 GVC，打造纵横交错的、多维的、开放的企业经营立体空间。企业嵌入本地产业集群一般是基于同行业或同类企业在一定区域内集聚（横向集聚）或生产过程中存在上下游关系的企业在特定空间的集聚（纵向集聚和空间集群）。而企业嵌入 GVC 是跨越国家的垂直化产业链的国际分工。这种垂直化产业链的国际分工与国内企业集聚性发展交互叠加，能够形成多元力量促进企业的技术创新和产品优化升级，从而提升企业应对汇率变动风险的能力。

第三，支持产业集群嵌入 GVC，构建“双循环”新发展格局。企业先嵌入国内产业集群又嵌入GVC的模式，会带动整个集群加入GVC的趋势。将来GVC竞争模式逐步从产品分工竞争向集群分工竞争转变，逐渐变为产业链与产业链、产业集群对产业集群的竞争，因此培育龙头企业尤为重要，提倡龙头企业的“双重嵌入”模式，促进龙头企业与非龙头企业的一体化水平，提升GVC治理能力和控制能力。结合中国实际，可以依托中国超大规模市场的优势，建设市场驱动型GVC，把GVC参与企业纳入中国企业主导的分工体系，从而培育能够成为“链主”的龙头企业。在汇率变动和贸易摩擦升级环境下，本书也为重视国内价值链发展、促进国内价值链与国外价值链的良性互动的“双循环”模式提供了理论支持和政策建议。

8.3 研究展望

随着汇率波动的不断加剧，异质性企业调整出口产品价格和数量的动态过程极其复杂，本书仅从GVC分工位置视角对这一过程进行审视，未能进行全面刻画，对现实的解释力有限。下一步研究可以从以下几个方面开展：

第一，GVC分工体系与出口汇率弹性这一交叉领域存在很大的研究空间。本书首次在GVC分工位置视角下审视GVC分工体系与出口汇率弹性的关系，不仅构建了理论模型，还对GVC分工位置对出口汇率弹性的影响进行了实证检验，在GVC分工体系与出口汇率弹性这一交叉领域做出了一定贡献。但是，本书的研究内容只是冰山一角，GVC分工体系与出口汇率弹性的研究所包含的内容更加丰富，如GVC国内（国外）增加值、GVC国内（外）长度、GVC国内（外）跨境次数，以及不同类型的GVC与出口汇率弹性的关系等。尤其是在目前国内国外“双循环”以及企业“双重嵌入”模式的背景下，GVC分工体系不断发展变化，企业在GVC分工体系中会出现新的异质性特征，而这些异质性特征对出口汇率弹性又将产生何种影响，这些都是非常有趣又值得探讨的问题，具有很强的现实意义。

第二，GVC分工位置影响出口汇率弹性的渠道机制具有深入挖掘的空间。本书虽然从企业生产率以及垄断度等方面检验了GVC分工位置影响出口汇率弹性的渠道机制，但是从直觉上讲，GVC分工位置对出口汇率弹性的影响渠道机制更为复杂，还有待于理论分析和实证检验的进一步识别。比如，从微观层面而言，GVC分工位置是否通过影响产品质量、产品分销成本等对出口汇率弹性产生了影响？从宏观层面而言，GVC 分工位置是否影响了一个国家的产业结构升级，从而对国家总体的出口汇率弹性产生影响？这些都是理论机制方面值得深入探讨的问题。

第三，多产品企业的分析框架有进一步完善的空间。汇率波动下，处于不同 GVC 分工位置的多产品企业如何进行产品组合选择，具体每种产品如何进行产品价格和产品数量的动态调整，以及企业对具体每种产品选择国内生产还是参与 GVC 生产进行博弈和权衡，寻找到国内外均衡最优解是对多产品企业理论的重要完善，对更好地解释现实问题具有重要意义。

参考文献

［1］ Ahmed S, Appendino M, Ruta M. Global Value Chains and the Exchange Rate Elasticity of Exports ［R］. IMF Working Papers, 2015, 15 (252): 50-59.

［2］ Ahmed S, Are Chinese Exports Sensitive to Changes in the Exchange Rate? ［R］. FRB International Finance Discussion Paper, 2009.

［3］ Ahn J, A, Khandelwal K, Wei S J. The Role of Intermediaries in Facilitating Trade ［J］. Journal of International Economics, 2011, 84 (1): 73-85.

［4］ Aichele, R, Heiland, I. Where is the Value Added? Trade Liberalization and Production Networks ［J］. Journal of International Economics, 2018 (115): 130-144.

［5］ Alfaro L, Antras P, Paola C, Chor D. Internalizing Global Value Chains: A Firm-Level Analysis ［J］. Journal of Political Economy, 2019, 127 (2): 508-559.

［6］ Amiti, M, Itskhoki O, Konings J, Importers, Exporters, and Exchange Rate Disconnect ［J］. American Economic Review, 2014, 104 (7): 1942-1978.

［7］ Antoniades A, Zaniboni N. Exchange Rate Pass Through into Retail Prices ［J］. International Economic Review, 2016, 57 (4): 1425-1447.

［8］ Antoniades A. Heterogeneous Firms, Quality, and Trade ［J］. Journal of International Economics, 2015, 95 (2): 263-273.

［9］ Antràs P, Chor D, Fally T, Hillberry R. Measuring the Upstreamness of Production and Trade Flows ［J］. American Economic Review, 2012, 102 (3): 412-416.

［10］ Antràs P, Chor D. On the Measurement of Upstreamness and Downstreamness in Global Value Chains ［J］. World Trade Evolution: Growth, Productivity and Employment, 2018. 32 (2): 126-194.

［11］ Antràs P, Chor D. Organizing the Global Value Chain ［J］. Econometrica, 2013, 81 (6): 2127-2204.

[12] Antràs P, Garicano L, Rossihansberg E. Organizing Offshoring: Middle Managers and Communication Costs [J]. NBER Working Papers, 2006.

[13] Antràs P, Gortari A D. On the Geography of Global Value Chains [J]. Econometrica, 2020 (88).

[14] Antràs P, Helpman E. Global Sourcing [J]. Journal of Political Economy, 2004.

[15] Antràs P, Teresa F, Felix T. The Margin of Global Sourcing: Theory and Evidence from U. S. Firms [J]. American Economic Review, 2017, 107 (9): 2514-2564.

[16] Arndt, Sven W, Humer A. Trade, Production Networks and the Exchange Rate [J]. Journal of Economic Asymmetries, 2007, 4 (1): 11-39.

[17] Atalay E, Hortacsu A, Syverson C. Vertical Integration and Input Flows [J]. American Economic Review, 2014, 104 (4): 1120-48.

[18] Atkeson A, Burstein A. Pricing-to-market, Trade Costs and International Relative Prices [J]. American Economic Review, 2008, 98 (5): 1998-2031.

[19] Atsuyuki K. Exports, Exchange Rates, and Productivity: An Analysis of the Japanese Manufacturing Sectors [R]. Discussion Papers, 2016.

[20] Audretsch D B, Belitski M. The Missing Pillar: The Creativity Theory of Knowledge Spillover Entrepreneurship [J]. Small Business Economics, 2013, 41 (4): 819-836.

[21] Auer R A, Chaney T, Philip U S. Quality Pricing-to-market [R]. Globalization Monetary Policy Institute Working Paper, 2014.

[22] Autor D, Dorn D, Katz L F, Patterson. C, Reenen J V. The Fall of the Labor Share and the Rise of Superstar Firms [J]. Quarterly Journal of Economics, 2020, 135 (2): 645-709.

[23] Backer K D, Yamano N. International Comparative Evidence on Global Value Chains [R]. Organisation for Economic Cooperation and Development, 2012.

[24] Bair, Jennifer. Global Capitalism and Commodity Chains: Looking Back, Going Forward [J]. Competition & Change, 2005, 9 (2): 153-180.

[25] Baldwin R, Gonzalez L J. Supply-Chain Trade: A Portrait of Global Patterns and Several Testable Hypotheses [R]. NBER Working Papers No. 18957, 2013.

[26] Baldwin R, Harrigan, J. Zeros, Quality, and Space: Trade Theory and

Trade Evidence [J]. American Economic Journal: Microeconomics, 2011, 3 (2): 60-88.

[27] Bank W. World Development Report 2020 [J]. World Bank Publications, 2020.

[28] Basile R, Nardis D. Pricing to market, Firm Heterogeneity and the Role of Quality [R]. Weltwirtschaftliches Archiv, 2012.

[29] Bems R, Johnson R C, Kei-Mu Y. Vertical Linkages and the Collapse of Global Trade [J]. American Economic Review, 2011, 101 (3): 308-312.

[30] Bems R, Johnson R C. Demand for Value Added and Value-Added Exchange Rates [J]. American Economic Journal: Macroeconomics, 2017, 9 (4): 45-90.

[31] Bergin P R, R. C. Feenstra. Pass-through of Exchange Rates and Competition between Floaters and Fixers [J]. Journal of Money, Credit and Banking, 2009: 35-70.

[32] Berman N, Hericourt J. Financial Factors and the Margins of Trade: Evidence from Cross-Country Firm-Level Data [J]. Journal of Development Economics, 2010, 93 (2): 206-217.

[33] Berman N, Martin P, Mayer T. How Do Different Exporters React to Exchange Rate Changes? [J]. The Quarterly Journal of Economics, 2012, 127 (1): 437-492.

[34] Bernard A B, Jensen J B, Redding S J. Global Firms [J]. Journal of Economic Literature, 2018, 56 (2): 565-619.

[35] Bernard A B, Stephen J R, Peter K S. Firms in International Trade [J]. Journal of Economic Perspectives, 2007, 21 (3): 105-130.

[36] Bernard J T, Hussain J. The Canada-U. S. Productivity Puzzle: Regional Evidence of the Pulp and Paper Industry, 1971-2005 [R]. Working Papers, 2015, 47.

[37] Blonigen B A. Industrial Policy and Downstream Export Performance [J]. The Economic Journal, 2016, 126 (595): 1635-1659.

[38] Borin, Alessandro. The Cyclicality of the Income Elasticity of Trade [R]. Bank of Italy Discussion Working Paper No 1126, 2017.

[39] Bown C P, Erbahar A, Zanardi M. Global Value Chains and the Removal of

Trade Protection [R] . CEPR Discussion Papers, 2020.

[40] Boz, E, Gopinath, G. , Plagborg-Møller, M. Global Trade and the Dollar [R] . National Bureau of Economic Research Working Paper Series, No. w23988, 2017.

[41] Brandt L , Biesebroeck J V , Zhang Y . Creative Accounting or Creative Destruction? Firm-level Productivity Growth in Chinese Manufacturing [J] . Journal of Development Economics, 2012, 97 (2): 339-351.

[42] Buckley P J, Craig T D, Mudambi R. Time to Learn? Assignment Duration in Global Value Chain Organization [J] . Journal of Business Research, 2019 (103): 508-518.

[43] Buckley P J, Tian X. Transnationality and Financial Performance in the Era of the Global Factory [J] . Management International Review, 2017, 57 (4): 501-528.

[44] Buckley P J. Forty Years of Internalization Theory and the Multinational Enterprise [J] . Multinational Business Review, 2014, 22 (3): 227-245.

[45] Buckley P J. Internalization Thinking: From the Multinational Enterprise to the Global Factory [J] . International Business Review, 2009a, 18 (3): 224-235.

[46] Buckley P J. International Integration and Coordination in the Global Factory [J] . Management International Review, 2011, 51 (2): 269-283.

[47] Buckley P J. The Impact of the Global Factory on Economic Development [J] . Journal of World Business, 2009b, 44 (2): 131-143.

[48] Burstein A T, Neves J C, Rebelo S. Distribution Costs and Real Exchange Rate Dynamics during Exchange-rate-based Stabilizations [R] . Working Papers, 2000, 50 (6): 1189-1214.

[49] Byahut R, Dutta S, Iyer C G. Trading for Development in the Age of Global Value Chains [R] . Commentary on World Development Report , 2021.

[50] Campa J M, Minguez J G. Differences in Exchange Rate Pass-through in the Euro Area [J] . European Economic Review, 2006, 50 (1): 121-145.

[51] Ceglowsk J. Assessing Export Competitiveness through the Lens of Value Added [J] . The World Economy, 2017, 40 (2): 275-296.

[52] Chen N, Juvenal L. Quality and the Great Trade Collapse [R] . IMF Working Papers, 2016.

[53] Chor D, Manova K, Yu Z. The Global Production Line Ption of Chinese Firms [R]. Industrial Upgrading and Urbanization Conference Paper, 2014.

[54] Coe N M, Hess M, Yeung H W C, Dicken P, Henderson, J. Globalizing Regional Development: A Global Production Networks Perspective [J]. Transactions of the Institute of British Geographers, 2004, 29 (4): 468-484.

[55] Coe N M, Hess M, Yeung H W C. Global Production Networks: Mapping Recent Conceptual Developments [J]. Journal of Economic Geography, 2019, 19 (4): 775-801.

[56] Coe N M, Yeung H W C. Global Production Networks: Theorizing Economic Development in an Interconnected World [J]. Journal of Economic Geography, 2016, 34 (12): 38.

[57] Combes P, Duranton L, Gobillon D, Roux S. Productivity Advantages of Large Cities: Distinguishing Agglomeration from Firm Selection [J]. Econometrica, 2012, 80 (6): 2543-2594.

[58] Combes P, Duranton L, Roux S. Estimating Agglomeration Economies with History Geology and Worker Effects [M]. University of Chicago Press, 2010.

[59] Corsetti G, Dedola L, Leduc S. High Exchange Rate Volatility and Low Pass-Through [J]. Journal of Monetary Economics, 2008, 55 (6): 1113-1128.

[60] Crespo A, Jansen M. The Role of Global Value Chains during the Crisis: Evidence from Spanish and European Firms [R]. Working Papers, 2014: 1-50.

[61] Dallas M P. Governed Trade: Value Chains, Firms and the Heterogeneity of Trade in an Era of Fragmented Production [J]. Review of International Political Economy, 2015, 22 (5): 875-909.

[62] Daniel Y, Yang R. The Governance of Global Production Networks and Regional Development: A Case Study of Taiwanese PC Production Networks [R]. Growth Change, 2009.

[63] David G, Richard K. Firm Heterogeneity, Exporting and Foreign Direct Investment [J]. Economic Journal, 2010 (517): 134-161.

[64] Deardorff A V. Fragmentation in Simple Trade Models [J]. The North American Journal of Economics and Finance, 2001, 12 (2): 121-137.

[65] Dedrick J, Kraemer K L, Linden G. Who Profits from Innovation in Global Value Chains? A Study of the iPod and Notebook PCs [J]. Industrial and Corporate

Change, 2010, 19 (1): 81-116.

[66] Devereux M, Dong W, Tomlin B. Importers and Exporters in Exchange Rate Pass-Through and Currency Invoicing [J]. Journal of International Economics, 2017 (105): 187-204

[67] Diakantoni A, Escaith H, Roberts M. Accumulating Trade Costs and Competitiveness in Global Value Chains [R]. WTO Staff Working Papers, 2017.

[68] Dietzenbacher E, Romero I. Production Chains in An Interregional Framework: Identification by Means of Average Propagation Lengths [J]. International Regional Science Review, 2007, 30 (4): 362-383.

[69] Dietzenbacher E, Romero L I, Bosma N S. Using Average Propagation Lengths to Identify Production Chains in The Andalusian Economy [J]. Studios Economic Applicate, 2005, 23 (1): 43-8.

[70] Dvir E, Strasser G. Does Marketing Widen Borders? Cross-country Price Dispersion in The European Car Market [J]. Journal of International Economics, 2018 (112): 134-149.

[71] Eaton J., Kortum S. Technology, Geography, and Trade [J]. Econometrica, 2002, 70 (5): 1741-1779.

[72] Ellison G, Glaeser E. Geographic Concentration in U. S. Manufacturing Industries: A Dartboard Approach [J]. Journal of Political Economy, 1997, 105 (5): 889-927.

[73] Fally T. Production Staging: Measurement and Facts. University of Colorado Boulder [R]. Working Paper, 2012.

[74] Fatum R, Liu R, Tong J, Xu J. Beggar Thy Neighbor or Beggar Thy Domestic Firms? Evidence From 2000 to 2011 Chinese Customs Data [J]. Journal of International Economics, 2018 (115): 16-29.

[75] Fauceglia D A, Lassmann A, Shingal M W. Backward Participation in Global Value Chains and Exchange Rate Driven Adjustments of Swiss Exports [J]. Review of World Economics, 2018, 46 (6): 1-48.

[76] Feenstra R C, Romalis J. International Prices and Endogenous Quality [J]. Quarterly Journal of Economics, 2014, 129 (2): 477-527.

[77] Ferdows K, Vereecke A, De M A. Delayering The Global Production Network into Congruent Subnetwork [J]. Journal of Operations Management, 2016, 41

(1): 63-74.

[78] Ferrantino M J. Using Supply Chain Analysis to Examine the Costs of Non-Tariff Measures (NTMs): and the Benefits of Trade Facilitation [R]. Social Science Electronic Publishing, 2012.

[79] Fitzgerald D, Haller S. Pricing-to-market: Evidence From Plant-level Prices [J]. Review of Economic Studies, 2014, 81 (2): 761-786.

[80] Flodn M, Wilander F. State Dependent Pricing and Exchange Rate Pass-Through [R]. Working Paper Series, 2004, 70 (1): 178-196.

[81] Freund C, Pierola M D. Export Superstars [J]. Review of Economics and Statistics, 2015, 97 (5): 1023-1032.

[82] Fujita M, Thisse J F. Globalization and the Evolution of the Supply Chain: Who Gains and Who Loses [J]. International Economic Review, 2006, 47 (3): 811-836.

[83] Fuller C, Phelps N A. Revisiting The Multinational Enterprise in Global Production Networks [J]. Journal of Economic Geography, 2018 (1): 139-161.

[84] Garetto S. Firms' heterogeneity and Incomplete Pass-through [R]. Working Paper, 2012.

[85] Gaubert C, Itskhoki O. Granular Comparative Advantage [R]. NBER Working Papers, 2018.

[86] Gereffi G, Humphrey, J, Sturgeon, T. The Governance of Global Value Chains [J]. Review of International Political Economy, 2005, 12 (1): 78-104.

[87] Gereffi G, Lee J. Why the World Suddenly Cares about Global Supply Chains [J]. Journal of Supply Chain Management, 2012, 48 (3): 24-32.

[88] Gereffi G. Global Value Chains And Development: Redefining The Contours of 21st Century Capitalism [R]. Cambridge University Press, 2018.

[89] Gereffi G. Global Value Chains and International Development Policy: Bringing Firms, Networks and Policy-engaged Scholarship Back [J]. Journal of International Business Policy, 2019, 2 (3): 195-210.

[90] Gereffi G. The Organization of Buyer-driven Global Commodity Chains: How U. S. Retailers Shape Overseas Production Networks [R]. Commodity Chains and Global Capitalism Westport, 1994.

[91] Ghodsi M, Stehrer R. Non-Tariff Measures Trickling through Global Value

Chains [R]. No. 31, Working Paper, 2016.

[92] Ghosh, A. Input-Output Approach to an Allocation System [J]. Economica, 1958 (25): 58-64.

[93] Gibbon P, Bair J, Ponte S. Governing Global Value Chains [J]. Economy and Society, 2008, 37 (3): 315-338.

[94] Gibbon P. Governance, Entry Barriers, Upgrading: A Re-Interpretation of Some GVC Concepts from the Experience of African Clothing Exports [J]. Competition Change, 2008, 12 (1): 29-48.

[95] Gil-Pareja S. Exchange Rates and European Countries Export Prices: An Empirical Test For Asymmetries In Pricing To Market Behavior [J]. Weltwirt Schaftlich, 2000, 136 (1): 1-23.

[96] Goldberg P K, Knetter M. Goods Prices and Exchange Rates: What Have We Learned? [R]. National Bureau of Economic Research, 1996.

[97] Gopinath G, Burstein A, International Prices and Exchange Rates [M]. Handbook of International Economics, 2014 (4): 391-451.

[98] Greenaway D, Guariglia. Financial Factors and Exporting Decisions [J]. Journal of International Economics, 2007.

[99] Greenaway D, Kneller R, Exporting Productivity and Agglomeration [J]. European Economic Review, 2008, 52 (5): 919-939.

[100] Greenaway D, Mahabir A, Milner C. Has China Displaced Other Asian Countries' Exports? [R]. China and the World Economy, Palgrave Macmillan, London, 2010: 60-90.

[101] Hellerstein R. Who Bears the Cost of a Change in the Exchange Rate? [C]. North American Summer Meetings Econometric Society, 2004.

[102] Henderson J, Dicken P, Hess M, Coe N, Yeung H W C. Global Production Networks And The Analysis of Economic Development [J]. Review of International Political Economy, 2002, 9 (3): 436-464.

[103] Hennart J F. Down with MNE-centric theories, Market Entry and Expansion as the Bundling of MNE and Local Assets [J]. Journal of International Business Studies, 2009, 40 (9): 1432-1454.

[104] Hennart J F. Explaining The Swollen Middle: Why Most Transactions Are A Mix of "market" and "Hierarchy" [J]. Organization Science, 1993, 4 (4):

529-547.

[105] Hennart J F. The Eomparative Institutional Theory of The Firm: Some Implications for Corporate Strategy [J]. Journal of Management Studies, 1994, 31 (2): 193-208.

[106] Hu C, Xu Z, Yashiro N. Agglomeration and Productivity In China: Firm Level Evidence [J]. China Economic Review, 2015, 33 (5): 50-66.

[107] Hummels D. L, Ishii J, Yi K. M. The Nature and Growth of Vertical Specialization in World Trade [J]. Journal of International Economics, 2001, 54 (1): 75-96.

[108] Imbs J, Mejean I. Trade Elasticities [J]. Review of International Economics, 2017, 25 (2): 383-402.

[109] James M, Michael C. Digital Era Brings Hyperscale Challenges [N]. Financial Times, 2014.

[110] Johnson R C, Noguera G. Accounting for Intermediates: Production Sharing and Trade in Value Added [J]. Journal of International Economics, 2012, 86 (2): 224-236.

[111] Johnson R C. Measuring Global Value Chains [J]. Annual Review of Economics, 2018 (10): 207-236

[112] Ju J, Yu X. Productivity, Profitability, Production and Export Structures along the Value Chain in China [J]. Journal of Comparative Economics, 2015, 43 (1): 33-54

[113] Kandogan Y. Intra-industry Trade of Transition Countries: Trends and Determinants [J]. Emerging Markets Review, 2003, 4 (3): 273-286.

[114] Kee H L, Tang H. Domestic Value Added in Exports: Theory and Firm Evidence from China [J]. American Economic Review, 2016, 106 (6): 1402-1436.

[115] Khan Z, Lew Y K, Marinova S. Exploitative and Exploratory Innovations in Emerging Economies: The Role of Realized Absorptive Capacity and Learning Intent [J]. International Business Review, 2019, 8 (3): 499-512.

[116] Koenig P, Mayneris F, Poncet S. Local Export Spillovers in France [J]. European Economic Review, 2010, 54 (4): 622-641.

[117] Koopman R, Powers W, Wang Z, Wei S J. Tracing Value-Added and Double Counting in Gross Exports [J]. American Economic Review, 2014, 104

(2): 459-494.

[118] Koopman R, Wang Z, Wei S J. Estimating Domestic Content in Exports When Processing Trade Is Pervasive [J]. Journal of Development Economics, 2012, 99 (1): 178-189.

[119] Li H B, Ma H, Xu Y. How Do Exchange Rate Movements Affect Chinese Exports? A Firm-level Investigation [J]. Journal of International Economics, 2015, 97 (1): 148-161.

[120] Loecker D, Goldberg J, Khandelwal P K, Pavcnik N. Prices, Markups, And Trade Reform [J]. Econometrica, 2016, 84 (2): 445-510.

[121] Loecker J D, Warzynski F. Markups and Firm-Level Export Status [J]. American Economic Review, 2009, 102 (6): 112-129.

[122] Lu Y. China's Electrical Equipment Manufacturing in the Global Value Chain: A GVC Income Analysis Based on World Input-Output Database [J]. International Review of Economics Finance, 2017, 52 (11): 289-301.

[123] Lundborg P. The Elasticities of Supply and Demand for Swedish Exports in a Simultaneous Model [J]. The Scandinavian Journal of Economics, 1981, 83 (3): 444-448.

[124] Maccarthy B L, Blome C, Olhager J, Srai J S, Zhao X. Supply Chain Evolution Theory, Concepts and Science [J]. International Journal of Operations Production Management, 2016, 36 (12): 1696-1718.

[125] Mallick S, Marques H. Pricing to Market with Trade Liberalization: The role of Market Heterogeneity and Product Differentiation in India's Exports [J]. Journal of International Money and Finance, 2012, 31 (2): 310-336.

[126] Manova K, Yu Z H. Firms and Credit Constraints along the Global Value Chain: Processing Trade in China [R]. NBER Working Papers No. 18561, 2012.

[127] Maria B, Orsetta C. Trade and Product Market Policies in Upstream Sectors and Productivity in Downstream Sectors: Firm-level Evidence from China [J]. Journal of Comparative Economics, 2013, 41 (3): 843-862.

[128] Melitz M J, Ottaviano G I. Market Size, Trade, and Productivity [J]. The Review of Economic Studies, 2008, 75 (1): 295-316.

[129] Melitz M J. The Impact of Trade on Intra-Industry Reallocations and Aggregate Industry Productivity [J]. Econometrica, 2003, 71 (6): 1695-1725.

［130］ Miller R E, Blair P D. Input-output Analysis: Foundations and Extensions ［R］. Cambridge University Press, 2009.

［131］ Miller R E, Temurshoev U. Output Upstreamness and Input Downstreamness of Industries Countries in World Production ［J］. International Regional Science Review, 2017, 40 (5): 443-475.

［132］ Miroudot S, Dorothée R, Francesca S. Trade Policy Implications of Global Value Chains: Case Studies ［R］. OECD Trade Policy Papers No. 161, 2013.

［133］ Mrazova P. Selection Effects with Heterogeneous Firms ［R］. Discussion Paper, 2012 (1174).

［134］ Mrázová M, Neary J P. Selection Effects with Heterogeneous Firms ［J］. LSE Research Online Documents on Economics, 2012.

［135］ Natalie C, Luciana J. Quality, Trade, and Exchange Rate Pass-Through ［R］. CAGE Online Working Paper, 2013 (165).

［136］ Ollivaud Patrice, Cyrille Schwellnus. Does the Post-crisis Weakness of Global Trade Solely Reflect Weak Demand? ［R］. OECD Journal Economic Studies, 2015.

［137］ Ossa R. Why Trade Matters After All ［J］. Journal of International Economics, 2015, 97 (2): 266-277.

［138］ Patel N, Wang Z, Wei S J. Global Value Chains and Effective Exchange Rates at the Country-Sector Level ［J］. Journal of Money, Credit and Banking, 2019 (51).

［139］ Patrice O, Elena R, Cyrille S. The Changing Role of the Exchange Rate for Macroeconomic Adjustment ［R］. OECD Economics Department Working Papers, 2015.

［140］ Pietrobelli C, Saliola F. Power Relationships along the Value Chain: Multinational Firms, Global Buyers and Performance of Local Suppliers ［J］. Cambridge Journal of Economics, 2008 (6): 32.

［141］ Pietrobelli C. Global Value Chains in the Least Developed Countries of the World: Threats and Opportunities for Local Producers ［J］. International Journal of Technological Learning Innovation Development, 2008, 1 (4): 459-481.

［142］ Pollard P S, Coughlin C. Size Matters: Asymmetric Exchange Rate Pass-through At The Industry Level ［R］. University of Nottingham Research Paper, 2004

(14) .

[143] Ponte P G. Global Value Chains: From Governance to Governmentality? [J] . Economy and Society, 2008.

[144] Powers W, Riker D. Exchange Rate Pass - through in Global Value Chains: The Effects of Upstream Suppliers [R] . US International Trade Commission Office of Economics Working Paper, 2013.

[145] Saxegaard E C A, Hong G H. Singapore's Export Elasticities; A Disaggregated Look into the Role of Global Value Chains and Economic Complexity [R] . IMF Working Papers, 2016.

[146] Shah S, Mishra D, Panagariya A. Demand Elasticities in International Trade: Are They Really Low? [J] . Journal of Development Economics, 2001, 64 (2): 313-342.

[147] Soyres D, Raphael F M, Frohm. Bought, Sold And Bought Again: The Impact of Complex Value Chains on Export Elasticities [R] . World Bank Working Paper, 2018.

[148] Sturgeon T J. Kawakami M. Global Value Chains in the Electronics Industry [R] . Characteristics, Crisis, and Upgrading Opportunities for Firms from Developing Countries, 2011.

[149] Tokarick S. A Method for Calculating Export Supply and Import Demand Elasticities [R] . IMF Working Paper No. 10180, 2010.

[150] Turkina E, Assche A V. Global Connectedness and Local Innovation in Industrial Clusters [J] . Journal of International Business Studies, 2018, 49 (6): 706-728.

[151] Uddin S. Value-added Trade, Exchange Rate Pass-Through and Trade Elasticity: Revisiting the Trade Competitiveness [R] . Available at SSRN 2852894, 2016.

[152] Upward R, Wang Z, Zheng J. Weighing China's Export Basket: The Domestic Content and Technology Intensity of Chinese Exports [J] . Journal of Comparative Economics, 2013, 41 (2): 527-543.

[153] Vogel J. E, Costinot A. Matching and Inequality in the World Economy [J] . Journal of Political Economy, 2009, 118 (4): 16-19.

[154] Wang Z, Wei S J, Yu X, Zhu K. Measures of Participation in Global Val-

ue Chain and Global Business Cycles [R]. NBER Working Paper, 2017a, No. 2322.

[155] Wang Z, Wei S J, Zhu K. Quantifying International Production Sharing at the Bilateral and Sector Levels [R]. NBER Working Papers, 2013.

[156] Wang Z, Wei S. J, Yu X, Zhu K. Characterizing Global Value Chains: Production Length and Upstreamness [R]. NBER Working Paper, 2017b, No. 23261.

[157] Waugh M E. International Trade and Income Differences [R]. Staff Report, 2010.

[158] World Bank. Development Report 2020 [R]. World Bank Publications, 2020.

[159] 毕玉江，朱钟棣．人民币汇率变动对中国商品出口价格的传递效应[J]．世界经济，2007，(5)：3-15.

[160] 蔡瑞胸，R. S. 金融时间序列分析（第3版）[M]．北京：人民邮电出版社，2012.

[161] 陈晓华，刘慧．国际分散化生产工序上游度的测度与影响因素分析——来自35个经济体1997~2011年投入产出表的经验证据[J]．中南财经政法大学学报，2016（4）：122-131.

[162] 陈秀英，刘胜．多中心空间演化促进了制造业全球价值链分工地位攀升吗?[J]．云南财经大学学报，2020，36（3）：79-91.

[163] 陈旭，邱斌，刘修岩，李松林．多中心结构与全球价值链地位攀升：来自中国企业的证据[J]．世界经济，2019（8）：72-96.

[164] 程大中，郑乐凯，魏如青．全球价值链视角下的中国服务贸易竞争力再评估[J]．世界经济研究，2017（7）21-39.

[165] 代谦，何祚宇．国际分工的代价：垂直专业化的再分解与国际风险传导[J]．经济研究，2015，5（005）：20-34.

[166] 戴翔，刘梦．人才何以成为红利——源于价值链攀升的证据[J]．中国工业经济，2018（4）：98-116.

[167] 樊海潮，郭光远．出口价格、出口质量与生产率间的关系：中国的证据[J]．世界经济，2015，38（2）：58-85.

[168] 高敬峰，王彬．进口价值链质量促进了国内价值链质量提升吗?[J]．世界经济研究，2019（2）：11-19.

［169］韩剑，郑秋玲，邵军．多产品企业、汇率变动与出口价格传递［J］．管理世界，2017（8）：14-26.

［170］郝正亚，付桂彦．对外直接投资区位选择的投资引力模型分析——基于河北省 OFDI 的面板数据检验［J］．财会通讯，2015（3）：114-118.

［171］何宇，张建华，陈珍珍．贸易冲突与合作：基于全球价值链的解释［J］．中国工业经济，2020（3）：24-43.

［172］何祚宇，代谦．上游度的再计算与全球价值链［J］．中南财经政法大学学报，2016（1）：132-138.

［173］黄蕙萍，缪子菊，袁野，等．生产性服务业的全球价值链及其中国参与度［J］．管理世界，2020，36（9）：82-96.

［174］季克佳，张明志．人民币汇率变动对企业出口产品决策的影响——基于垂直专业化的分析视角［J］．国际经贸探索，2018，34（5）：68-90.

［175］靳涛，陶新宇．政府支出和对外开放如何影响中国居民消费？——基于中国转型式增长模式对消费影响的探究［J］．经济学（季刊），2016（1）：121-146.

［176］鞠建东，余心玎．全球价值链研究及国际贸易格局分析［J］．经济学报，2014（2）：126-149.

［177］黎峰．增加值视角下的中国国家价值链分工——基于改进的区域投入产出模型［J］．中国工业经济，2016（3）：52-67.

［178］李广子，熊德华，刘力．中小银行发展如何影响中小企业融资？——兼析产生影响的多重中介效应［J］．金融研究，2016（12）：17.

［179］李磊，刘斌，王小霞．外资溢出效应与中国全球价值链参与［J］．世界经济研究，2017（4）：43-58+135

［180］李胜旗，毛其淋，制造业上游垄断与企业出口国内附加值——来自中国的经验证据［J］，中国工业经济，2017（3）：101-119.

［181］刘斌，王杰，魏倩．对外直接投资与价值链参与：分工地位与升级模式［J］．数量经济技术经济研究，2015，32（12）：39-56.

［182］刘斌，赵晓斐．制造业投入服务化、服务贸易壁垒与全球价值链分工［J］．经济研究，2020，55（7）：159-174.

［183］刘慧，陈晓华，蒋墨冰．生产性服务资源嵌入制造业生产环节的最优选择——基于中间投入品出口技术复杂度升级视角［J］．财经研究，2020，46（7）：154-168.

［184］刘啟仁，黄建忠．人民币汇率、依市场定价与资源配置效率［J］．经济研究，2016（12）：18-31.

［185］刘奕，夏杰长，李垚．生产性服务业集聚与制造业升级［J］．中国工业经济，2017（7）：24-42.

［186］刘玉海，廖赛男，张丽．税收激励与企业出口国内附加值率［J］．中国工业经济，2020（9）：99-117.

［187］刘志彪，吴福象．"一带一路"倡议下全球价值链的双重嵌入［J］．中国社会科学，2018（8）：17-32.

［188］刘志彪，张少军．中国地区差距及其纠偏：全球价值链和国内价值链的视角［J］．学术月刊，2008（5）：49-55.

［189］刘志彪．中国应对全球产业链内向化的政策建议［J］．山东经济战略研究，2020，36（6）：43-45.

［190］卢锋．人民币实际汇率之谜（1979-2005）——基于事实比较和文献述评的观察［J］．经济学，2006（3）：635-674.

［191］鲁晓东，连玉君，中国工业企业全要素生产率估计：1999-2007［J］．经济学（季刊），2012（2）：541-558.

［192］吕越，谷玮，包群．人工智能与中国企业参与全球价值链分工［J］．中国工业经济，2020（5）：80-98.

［193］吕越，黄艳希，陈勇兵．全球价值链嵌入的生产率效应：影响与机制分析［J］．世界经济，2017，40（7）：28-51.

［194］吕越，李美玉．贸易便利化与全球价值链嵌入［J］．北京工商大学学报（社会科学版），2020，35（5）：46-57.

［195］吕越，吕云龙，包群．融资约束与企业增加值贸易——基于全球价值链视角的微观证据［J］．金融研究，2017（5）：63-80.

［196］吕越，罗伟，刘斌．异质性企业与全球价值链嵌入：基于效率和融资的视角［J］．世界经济，2015，38（8）：29-55.

［197］吕越，马嘉林，田琳．中美贸易摩擦对全球价值链重构的影响及中国方案［J］．国际贸易，2019（8）：28-35.

［198］吕越，刘之洋，吕云龙．中国企业参与全球价值链的持续时间及其决定因素［J］．数量经济技术经济研究，2017（6）：24-36.

［199］罗伟，吕越．外商直接投资对中国参与全球价值链分工的影响［J］．世界经济，2019，42（5）：49-73.

［200］马风涛．中国制造业全球价值链长度和上游度的测算及其影响因素分析——基于世界投入产出表的研究［J］．世界经济研究，2015（8）：3-10.

［201］马述忠，陈亚平，刘梦恒．对外直接投资逆向技术溢出与全球农业价值链地位提升——基于 G20 国家的经验研究［J］．国际商务研究，2017，38（3）：5-17.

［202］马述忠，张洪胜．集群商业信用与企业出口——对中国出口扩张奇迹的一种解释［J］．经济研究，2017（1）：13-27.

［203］毛其淋，许家云．外资进入如何影响了本土企业出口国内附加值?［J］．经济学（季刊），2018，17（4）：1453-1488.

［204］毛其淋，许家云．中间品贸易自由化提高了企业加成率吗？——来自中国的证据［J］，经济学（季刊），2017（2）：49-88.

［205］闵剑，刘忆．全球价值链、融资约束与跨国并购绩效——来自中国制造业企业的证据［J］．国际贸易问题，2019（3）：77-89.

［206］倪红福，龚六堂，陈湘杰．全球价值链中的关税成本效应分析——兼论中美贸易摩擦的价格效应和福利效应［J］．数量经济技术经济研究，2018（8）：74-90.

［207］倪红福，龚六堂，夏杰长．生产分割的演进路径及其影响因素——基于生产阶段数的考察［J］．管理世界，2016，10（4）：10-23.

［208］倪红福，夏杰长．垂直专业化与危机中的贸易下滑［J］．世界经济，2016，39（4）：95-119.

［209］倪红福．全球价值链人民币实际有效汇率：理论、测度及结构解析［J］．管理世界，2018，34（7）：50-69.

［210］邵朝对，苏丹妮．产业集聚：全球价值链升级的本地化路径［J］．中国社会科学文摘，2019.

［211］沈国兵，黄铄珺．汇率变化如何影响中国对美国一般贸易品出口技术结构［J］．世界经济，2017（11）：95-119.

［212］沈鸿，向训勇．融资约束，商业信用与出口企业全球价值链分工——基于贸易上游度视角的实证研究［J］．财贸研究，2020（31）：5-22.

［213］盛斌，陈帅．全球价值链、企业异质性与企业的成本加成［J］．产业经济研究，2017（4）：1-16.

［214］盛斌，景光正．金融结构、契约环境与全球价值链地位［J］．世界经济，2019，42（4）：29-52.

［215］盛斌，毛其淋．贸易开放、国内市场一体化与中国省际经济增长：1985-2008［J］．世界经济，2011（11）：44-66.

［216］盛斌，苏丹妮，邵朝对．全球价值链、国内价值链与经济增长：替代还是互补［J］．世界经济，2020（4）：3-27.

［217］宋超，谢一青．人民币汇率对中国企业出口的影响：加工贸易与一般贸易［J］，世界经济，2017（8）：78-102.

［218］苏丹妮，盛斌，邵朝对，等．全球价值链、本地化产业集聚与企业生产率的互动效应［J］．经济研究，2020（3）：100-115.

［219］苏庆义．中国省级出口的增加值分解及其应用［J］．经济研究，2016（1）：84-98.

［220］汤碧．基于产品内分工视角的我国贸易转型升级路径研究［J］．国际贸易问题，2012（9）：38-55.

［221］唐宜红，张鹏杨．后疫情时代全球贸易保护主义发展趋势及中国应对策略［J］．国际贸易，2020（11）：7-16.

［222］唐宜红，张鹏杨．中国企业嵌入全球生产链的位置及变动机制研究［J］．管理世界，2018，34（5）：28-46.

［223］田巍，余淼杰．企业生产率和企业"走出去"对外直接投资：基于企业层面数据的实证研究［J］．经济学（季刊），2012（1）：384-408.

［224］佟家栋，刘竹青．地理集聚与企业的出口抉择：基于外资融资依赖角度的研究［J］．世界经济，2014（7）：67-85.

［225］王孝松，吕越，赵春明．贸易壁垒与全球价值链嵌入——以中国遭遇反倾销为例［J］．中国社会科学，2017（1）：108-124.

［226］王雅琦，戴觅，徐建炜．汇率、产品质量与出口价格［J］．世界经济，2015，38（5）：17-35.

［227］王永进，施炳展．上游垄断与中国企业产品质量升级［J］．经济研究，2014（4）：116-129.

［228］王宇哲，张明．人民币升值究竟对中国出口影响几何［J］．金融研究，2014（3）：27-40.

［229］王振国，张亚斌，单敬，黄跃．中国嵌入全球价值链位置及变动研究［J］．数量经济技术经济研究，2019，36（10）：77-95.

［230］魏悦羚，张洪胜．进口自由化会提升中国出口国内增加值率吗——基于总出口核算框架的重新估计［J］．中国工业经济，2019（3）：24-42.

［231］向训勇，陈婷，陈飞翔．进口中间投入、企业生产率与人民币汇率传递——基于我国出口企业微观数据的实证研究［J］．金融研究，2016（9）：33-49.

［232］肖宇，夏杰长，倪红福．中国制造业全球价值链攀升路径［J］．数量经济技术经济研究，2019，36（11）：40-59.

［233］许家云，毛其淋．人民币汇率水平与出口企业加成率——以中国制造业企业为例［J］．财经研究，2016（1）：103-112.

［234］许家云，毛其淋．生产性补贴与企业进口行为：来自中国制造业企业的证据［J］．世界经济，2019，42（7）：46-70.

［235］杨继军，范从来．“中国制造”对全球经济“大稳健”的影响——基于价值链的实证检验［J］．中国社会科学，2015，238（10）．

［236］姚枝仲，田丰，苏庆义．中国出口的收入和价格弹性［J］．世界经济，2010（4）：3-27

［237］易靖韬，刘昕彤，蒙双．中国出口企业的人民币汇率传递效应研究［J］．财贸经济，2019，40（5）：112-126.

［238］张海燕．基于附加值贸易测算法对中国出口地位的重新分析［J］．国际贸易问题，2013（10）：12-21.

［239］张会清，翟孝强．全球价值链、汇率传递与出口贸易弹性［J］．世界经济研究，2019，300（2）：87-100+139.

［240］张杰，陈志远，刘元春．中国出口国内附加值的测算与变化机制［J］．经济研究，2013（10）：124-137.

［241］张鹏杨，唐宜红．FDI 如何提高我国出口企业国内附加值？——基于全球价值链升级的视角［J］．数量经济技术经济研究，2018，35（7）：79-96.

［242］张鹏杨，徐佳君，刘会政．产业政策促进全球价值链升级的有效性研究——基于出口加工区的准自然实验［J］．金融研究，2019（5）：76-95.

［243］张鹏杨，朱光，赵祚翔．产业政策如何影响 GVC 升级——基于资源错配的视角［J］．财贸研究，2019，30（9）：67-78，100.

［244］张少军，刘志彪．国际贸易与内资企业的产业升级——来自全球价值链的组织和治理力量［J］．财贸经济，2013（2）：68-79.

［245］张晓峒．应用数量经济学［M］．北京：机械工业出版社，2009.

［246］赵勇，雷达．金融发展、出口边际与“汇率不相关之谜”［J］．世界经济，2013（10）：3-26.

［247］赵仲匡，李殊琦，杨汝岱．金融约束、对冲与出口汇率弹性［J］．管理世界，2016（6）：40-50.

［248］郑丹青，于津平．中国出口贸易增加值的微观核算及影响因素研究［J］．国际贸易问题，2014（8）：3-13.

［249］郑江淮，郑玉．新兴经济大国中间产品创新驱动全球价值链攀升——基于中国经验的解释［J］．中国工业经济，2020（5）：61-79.

［250］邹宗森，王秀玲，冯等田．第三方汇率波动影响出口贸易关系持续吗？——基于“一带一路”沿线国家的实证研究［J］．国际金融研究，2018（9）：164-174.